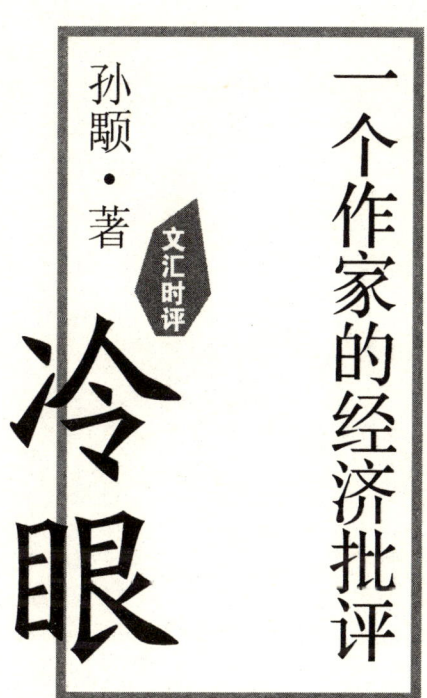

一个作家的经济批评

孙颙·著

文汇时评

冷眼

文汇出版社

自序

旁观者说

关于经济、金融之类的问题,我向来只是一个热心的旁观者。书写这方面的文字,记忆中比较深刻的,只有发表在《收获》杂志上的一篇《金融的秘密》,时间比较远了,是九年或十年前的事情吧。

三年多前,世界性金融危机爆发的时候,我依然把自己定位于"热心的旁观者"。我非常关注事态的演变,思考它的走向,阅读有关的各种文字。不过,我并没有打算直接参与讨论,因为那与我的主业——文学,毕竟有相当的距离。

有一天,我偶然地注意到中央电视台经济频道的一个专题节目"直击华尔街危机"。短短的观看,强烈地刺激了我。那天,做节目的嘉宾,是世界某著名投资银行在中国区的主席。西装领带,学者风范,微笑着侃侃而谈。他的中心意思，是告诉中国的观众，金融危机很严重，那是某些人的错误造成的，但是，华尔街的基本制度问题不大，那里的制度设计本身还是完美的。

关上电视机，我让自己冷静了一会儿，决定上网搜索相关信息。我在网络上浏览了几十分钟，心情变得很压抑。我发现，那位嘉宾的观点，并不是孤立的现象，一些经济学界的人，就是如此主张的。

我早就过了"愤青"的年龄。我绝对不会因为经济、金融方面的"海归"人士特别多，就把他们指责为"华尔街的辩护者"。但是，我忽然想到与人性相关的毛病。比方说，我是文学界圈内的人，当文学界出了点什么事情，或者某位名作家写了一篇不像话的作品还偏要自吹自擂，想提笔批评，难免有几分顾虑。经济、金融方面的"海归"学者，若要直言评判自己的老师、学长，反对与自己的成长瓜葛很深的体系，同样会有忐忑之心。

这样想着，我渐渐释然。"人间变幻无穷，人性基本如此"，是我的一部小说的主旨。

我坐到了电脑前面，决定以"旁观者"的立场写一点什么文字。至少，我可以像天真的孩子那样，说出"皇帝没有穿衣服"的真话。这就形成了我直接参加经济、金融危机讨论的第一篇短文。

幸亏我已经做了多年热心的旁观者,我阅读经济方面书刊的历史也比较久远,所以,我下笔时有一定的自信,能把握批评尺度。文章发表以后,受到多方面的鼓励,《文汇报》的总编辑徐炯先生,更是约我多写,为他们的名专栏"文汇时评"写一点文字。

于是,三年多来,就有了这二十二篇文章,多数发表在"文汇时评"专栏中。

合起来出个集子,也是一些朋友鼓动的。回头看看,尽管有少数想法属书生空谈,多数意见还经得起风云变幻的经济形势的考验,我就有了汇编的底气。

决定把若干年前一篇随笔《人类命运的相对论思考》一并收入,是出于如下考虑:"文汇时评"专栏,对文字的限定很强,一般不超过两千字,因此,只能直截了当地讨论具体问题,稍稍腾挪展开就不行。《人类命运的相对论思考》一文,虽然不是直接谈经济问题,但是,涵盖了我对于人类社会各基本命题的探究,放在这本集子中,应当是一个很好的补充。

目录

旁观者清——关于金融危机的文化思考 / 1

战略选择——回归金本位 / 4

击鼓传花——危机传递的风险游戏 / 9

丧钟为疯狂而鸣 / 14

金融危机与文化陷阱 / 20

黄金——超主权货币之母 / 32

老三届——一代人的"淡出" / 37

盛世危言——谁可能崩溃 / 42

危机：西方学者的忧虑促我们思考 / 48

学会和解——社会走向和谐的文化选择 / 54

自私美元政策与人民币对策 / 59

几万亿外汇储备是什么 / 64

政府债务违约的制裁 / 70

熵——观察中国经济的特殊视角 / 75

美元的特殊地位能维持多久 / 81

巨额外汇占款与通胀压力 / 87

A股的先天性缺憾与矫正 / 93

国企改革方向辩 / 98

人民币外债与人民币国际化 / 104

中国经济增长的第四个十年 / 110

世界的神经为何如此脆弱 / 116

股票总市值是否属于国民财富 / 121

附录 人类命运的相对论思考 / 127

旁观者清——关于金融危机的文化思考

央视二套有个"直击华尔街危机"的专题节目。一些嘉宾,如某某世界大行中国区主席,依然振振有辞,声称"华尔街的制度设计本身是非常完美的"。事情已经闹到美国政府前后将耗费万亿美金来救济,受救济者却照样完美,我听着惟有苦笑。大概圈内人总是缺乏勇气,不敢捅破窗户纸,直说那皇帝根本就没穿衣服。

作为旁观者,倒可以无顾忌地说几句。

在我看来,华尔街关于现代金融制度设计的出发点就有问题。传统金融业,以银行为代表,吸收存款,放贷给企业,为实体经济服务,自己赚利差。当今华尔街的精英们远不满足于此。他们志向远大,要从实体经济的服务者转化为经济的主导者。殊不知,以金融衍生交易为核心的虚拟资本的交易量,已经是全世界实体贸易的数十倍;殊不知,虚拟经济的规模已经是全世界GDP的数倍。这种头重脚轻的趋势还在继续发展。所谓巨大的热钱流动，源头即在此。从虚拟交易中获得的巨额利润，是不愿意回到只有平均利润的实体经济去的，只能像吸血的幽灵般在资本市场游逛。从社会学的角度分析，它带来的显性效果是分配的失衡，导致最精英的人群向虚拟经济汇集，日益加剧世界的头重脚轻；它的隐性后果是因此引发的社会不稳定。如果不能认识这场被巴菲特称为金融海啸的华尔街危机的本质，不能强力约束虚拟资本的膨胀，人类世界将无法长治久安。

金融业如何从服务者演化为主角？这是我们需要考察的更加尖锐的问题。因为华尔街的先生（包括它散布在全球各地的学生）是最为聪明的人群，所以会源源不断地制造令人眼花缭乱的故事。不过，你冷静些，还是能够摒除种种障眼法，看到戏法的要害。他们最擅长的一着，是把别人的东西，经过巧妙包装，作为自己的产品出售。不妨以中国人熟悉的例子加以说明。在中国股市的股改过程中，出现了权证的玩意。它的诞生，多少有益于股改，也有益于实体经济。但是，问题开始变味，一些聪明的先生提出，按"国际惯例"，权证可以创设。具体到南方航空的权证，本企业不过发了十几亿的权证，但金融机构创设了一百几十亿，无中生有地从市场掠走一百多亿资金。你很难攻倒它，因为确实不是中国人发明的玩意，是华尔街的学生们早就玩熟的手艺。但是，这正是把别人的东西加以包装然后出售的典型案例。本次危机的起点——次贷，说穿了，也是这样的把戏。在实体经济中，一样东西卖两次，比如一套房卖给俩主人，是绝对忌讳的，为什么在所谓的金融创新中，我们可以坦然接受呢？这样下去，经济的泡沫当然越吹越大，最后不可收拾。

本文的目标不是全部否定虚拟经济，否定金融创新，只是从文化分析的角度，提出必须对此高度警惕，严格监管，别被聪明的故事讲述者搅昏头脑。

做旁观者的好处，是可以大胆点破，华尔街先生们身上根本没有漂亮的新衣，仅仅贴了几张晃眼的金片。

二〇〇八年十月

战略选择——回归金本位

以经济眼光看经济问题,焦点集中于经济利益的最大化和获得利益的合法化方面。以文化眼光予以审视,就引入了新的标杆,诸如利益与社会责任、利益背后的是非、利益尺度的合理性等等。有人对这方面的审视不以为然,认为太虚了、不实用。殊不知,当前世界金融危机的发生,与健康的文化观念长期缺席有重要的关系。比方说,很多时间以来,被大为宣扬的西方的超前消费观念,就应该认真反思。既然天下没有免费的午餐,发达国家的透支消费必然依赖于他人所创造的财富的转移,是前者对后者巧妙的技术性掠夺。

本文思考的问题是:目前的金融危机暴露出来的国际货币体系方面的缺陷。

人类社会,某种秩序如果得以建立,肯定有一些为多数人信赖的力量在起核心作用。在国际经济贸易领域，长期扮演这个角色的，是以黄金为代表的贵金属。黄金的相对公正性，在于它的稀缺性，不会随意向哪一个国家的利益倾斜。

一九四四年，二次世界大战临近尾声，在美国的布雷顿森林，召开了一次重新确定世界金融秩序的重要会议。这次会议的结果，让美国政府及其发行的美元获得了特殊的利益。用最简单的话语概括新秩序，就是各国货币脱离黄金而与美元挂钩，美元则单独与黄金挂钩。于是，美元成为世界的主要结算工具，并代替黄金成为主要的资产储备。美国为这特殊利益必须履行的义务是，各国拥有的美元，可以在相对稳定的价格下向美国换取黄金（当时的价格约是三十五美元换一盎司黄金）。可以认为，从本质上讲，这还是金本位，是以美元为中介的金本位。

以美国当时的实力（二战后唯一的巨大的经济实体，并拥有世界黄金储备的多数），确立这样的秩序还是合情合理的。事情到二十几年后发生了根本的变化。一九七一年，美国的黄金储备由于战争等原因大为下降，美国政府迫于经济压力，宣布不再履行可以用美元换黄金的义务。于是，金本位悄悄异化为美元本位。由于世界已经习惯用美元作为主要的储备,所以尽管"义务"赖掉了,特殊利益却依然存在。特别危险的情况是,发行美元不必考虑兑换黄金的能力,纸币印刷的强约束明显就软化了,而主要为美国自身的经济决策所左右。六七年前,我写作《金融的秘密》时,注意到这个问题,即美国政府因为发行美元而获得类似世界央行的利益,但是却不必也不可能履行世界央行的责任。现在,美国政府直接承担的外债已经高达几万亿美元,就是说,它用一大堆纸张换取了全世界价值几万亿的商品(有研究者认为,美国各方面的债务总和达几十万亿之巨)。无论从什么角度思考,这都是人类世界巨大的不公平。

当前的金融危机,表面看是华尔街金融创新的一系列花样引发的,但是,在我看来,根子在于上述缺乏约束的美元的特殊利益。假如没有急剧膨胀的美元规模的支撑,华尔街的精英们无法肆意玩转金融魔方,他们也不可能具有把玩世界于掌心间的盲目自信。由于美元的过度发行和美国的巨额外债,最终动摇了美元的信用,也最终动摇了以美元为核心的世界金融秩序的信誉。我们难以设想,如果几万亿或者几十万亿美元资产的持有者一起抛售的话,美元将跌到什么程度!

从治病应治本的立场分析问题,要解决全球的金融信用危机,回归金本位是比较好的选择。不过,我们很实际地考虑问题,美国政府不可能也不会接受回归金本位,因为他们的多少万亿的外债是跨不过去的坎。他们的立场源于自己的利益。同样,作为美国之外的国家,也应该有清醒的利益和立场。可以操作的现实的选择是,重新明确金本位的思路以应对目前的危机,尽可能多地把石油、黄金等作为国家战略储备,使我们处于进退自如的有利地位。

有的学者反对这样的观点,认为必须大量、积极买进美元资产。理由是托住了美元,也就保住了我们原先已经持有的美元资产。这种观点很不可靠。因为美元今后的走势是美国政府以外的人无法猜想的,巨大的美元外债的走向也仅仅是美国政府必须考虑的责任。我们没有理由打压美元,我们也没有可能托盘美元。如果我们从现在开始把石油、黄金等作为主要考虑的资产储备,即使美元的价格还无法控制地下跌,那么我们新增加的储备正好成为对冲工具,显然比继续加大美元资产的风险要小得多。

单纯用经济的眼光判断,只要是合法的利益,便无可挑剔。用文化的眼光分析，合法却不合理的利益，不可能长期持续，早晚要被纠正。美元在世界金融秩序中的特殊利益，特别是从一九七一年以来的明显不合理的特殊利益，是本次金融危机的重要原因，也是将被逐渐纠正的目标。不管美国政府是否愿意，欠债要还，天经地义的道理。全世界其实都已明白这个趋势。难点在于，全世界或多或少持有美元的人，都担心美元不稳导致资产缩水。大家全面对一个痛苦的转型期。因此，在战略思想上早一些回归金本位，应当是聪明的选择。

二〇〇八年十月

击鼓传花——危机传递的风险游戏

几年前,一个寓言式的故事在中国广为流传。两位老太太来到天堂,坐在一起聊家常。美利坚的老太太说,她住在自己买的别墅里,快乐地生活了大半辈子,现在把房子和没有还清的贷款一起留给了儿子。黄河边的老太太说,她辛苦大半辈子的钱,不够买一套房,现在把存款留给儿子,让他继续努力工作好凑齐买房的钱。

这个寓言流传的目的,显然是为了启蒙——对刚刚迈进市场经济的中国民众启蒙,让他们理解市场经济所需要的消费理念。从市场经济的立场分析,美利坚老太太的选择是聪明的,她使自己提前享受了劳动的成果,客观上也促进了经济的运转。不过,这里应该引入中国哲学中"度"的标杆。如果超过了还贷能力,美国老太太及其儿子无力按期支付贷款,问题就出现了;倘若老太太们买房时正好处于房地产的泡沫期，价格虚高，因此必然会不幸地碰上泡沫破灭，碰上房价大幅下跌，最后房价低于贷款，就是资不抵债了。事情到此为止，还是千万个还不了债的美国老太太与美国银行间的麻烦，偏偏美国金融机构的精英们来凑热闹，为了自身的高额利润，发明"次贷"证券化一类的游戏，卖给全世界的金融与商业机构，于是危机就无情地扩散到了整个地球。

美国人的债务，由于经济泡泡被挤破形成的巨大债务，首先害的是美国本土，然后又波及世界，这已经是不争的事实；美国危机能够大范围转移的原因，在于美元的特殊地位，在于美元是世界主要的结算货币和储备货币，这恐怕也是不争的事实。其他国家碰到相似的情况，肯定没法那么方便地让别人来分担问题。比方说，中国曾经有一些不良资产要出售，世界上的买家，是把价钱压得不能再压地讨价还价。

事情到了这样的地步，我们需要冷静思考一下：危机化解的可能性是什么？前景如何？

已经有学者提出，政府的救助，只可能缓解危机的严重程度，要真正解决问题，需要依照历史上的经验检讨。

由于本次危机是巨大债务引发的资金断裂,而房产价格的泡沫挤破了就不可能很快回升,所以前途大约要依赖货币的逐年贬值,每年贬个百分之几,若干时间以后,货币的充分贬值,使得美国老太太及其儿子有能力支付贷款了,危机也就实质性地进入尾声。换句话说,原来十万美元的债务,由于贬值实际已经相当于五万甚至更低的数字,巨大的债务变得不那么巨大,危机就比较容易消亡了。

我相信这个分析是符合逻辑的。不过,深入想想,我的忧虑同时产生:美元如何实现不断的贬值呢?在贬值过程中,受伤害的是谁呢?

在美国金融界浸润多年的谢国忠先生有一个预见,认为美国政府应付当前危机最有效的手段是多多印刷美元,多多发行美国国债。他认为新一届美国政府化解金融危机的走向大体如此。谢国忠先生对名堂繁杂的金融新把戏非常警惕,认为经济学人需要坚持"常识"。我赞成他的书生之见,讨厌欺世盗名的"皇帝的新衣"。常识告诉我们,货币发多了,贬值是自然而然的结果。谢国忠先生能想到的高招,他的美国老师和同行们也肯定想明白了。美国现在已经欠全球多少万亿的美元债务,再增加一大块,按中国人的说法是"虱多不痒"。凡是有起码思考能力的人全明白，美国目前拥有的巨大外债，加上可能新发行的巨额外债，这些天文数字统统是美元资产，如果不断往下跌，各个国家、各种财团乃至个人的财富将一起跟着缩水。事情非常清楚了，美国经济危机化解的奥秘，在于全世界分摊了泡沫破灭后形成的无数债务。要让美国老太太的贷款比较容易还得起，是需要其他地方不相干的人共同买单的。由于上述判断，谢国忠先生提议，现在是卖出美国国债的时候。从经济的角度分析，这个提议十分中肯。至于从其他角度思考，则不在本文讨论的范围内。

回到美元特殊地位的话题上。应当承认，美元的地位，是由美国强大的国力支撑着的，它的巨额外债能够发行出去，是依靠建立于美国经济之上的信誉。但是，"度"的哲学概念在此同样起作用。一旦美元的发行实在离谱，实在过度，即大大超过美国国力的支撑，冰山一样要融化的。眼下，美元的地位依然稳固，依然被多数地方作为黄金替代储备着，被数以亿计的家庭当成压箱底的宝贝，在世界交易市场的价格相对稳定，有升有降，处于拉锯状态，在常人眼中，还是风险最小的货币之一，大概还处于量变尚未引起质变的时刻吧。国家的信誉到底值多少金子，毕竟是比较难以量化的事情，所以需要特别警惕地长期观察。

上海滩的商界，曾经流传一句老话，说"债大欺行"。意思凭字面就能理解。你的债务巨大无比，银行及各种债权人反倒要千方百计捧着你，惟恐你倒了，大家跟着倒霉。美元与世界经济的关系，是否有点如此的味道？拥有美元资产的人遍布世界，谁希望它贬值呢？在这样的心态下，美元要很快下跌是不可能的。美国看准这一点，所以发行美元和美国国债的胆子也就更大。用"击鼓传花"的游戏予以比拟，也许非常不严肃。我并非经济界人，与金融圈子的方方面面亦无甚瓜葛，一个喜欢胡思乱想的文人而已，说错了没关系，仅仅是吆喝一声，期望引起大家的思考。

二〇〇八年十一月

丧钟为疯狂而鸣

"丧钟为谁而鸣",是美国作家海明威小说的标题。这里,略加改动后借用,原因是金融危机逐步深化,引发了文化层面苦涩的感触。

严酷的危机突然袭击了整个世界。善良的民众,从繁荣的梦境中被惊恐地唤醒。他们发现,华尔街的绅士已被剥去五光十色的衣裳,暴露出大腹便便贪婪的丑恶。于是,猛烈的愤怒之火,不但喷向金融危局的直接制造者,同时也瞄准了负有监管责任的政府机构。声名显赫的前美联储主席等,不得不低下高傲的头颅,承认管理上的严重失误。现在,更严厉的追究,开始深入到制度的层面。到底是监管不严,还是本意就在放任自流,根本没打算认真监管?

这些问题,且留给灾难发源地的学者们研究,本文关注的是另外的方向。当有些金融魔鬼假借创新之名,堂而皇之溜出掀开盖的瓶子后,他们呼风唤雨、兴风作浪的胡作非为,是人间的官吏们可能监管住的吗?

马克思对资本的贪婪有高度的警惕,他曾尖锐地写道:"一旦有适当的利润,资本家就会大胆起来。有百分之五十的利润,它就铤而走险;为了百分之一百的利润,它就敢践踏一切人间法律;有百分之三百的利润,它就敢犯任何罪行,甚至冒绞死的危险。"你看,只要有超过百分之百的利润,人间一切法律的威慑作用就大打折扣!马克思对人性险恶方面的剖析,确实入木三分!

马克思的年代,还是资本年轻的岁月。金融资本成熟期的种种花样,马克思还来不及见识。马克思的大胆推理,也是到百分之三百的利润为止。马克思无法预测,今日的金融市场,以创新名义搞出来的奇异花头,其利润率将远远超越百分之三百这个门槛。我们无法界定它的上限,在疯狂的金融衍生品交易中,超过百分之千的利润估计也是存在的。那样的诱惑,连罪恶的毒品买卖也难以望其项背。打击毒品犯罪法律之严厉乃众所周知,那么,我们到底有何等更为严厉、更为有效的手段,监管有史以来最具暴利的交易呢?

为了看清楚问题,我们需要拿出一些枯燥的数字进行分析。本次危机的导火线,是所谓的次贷问题。本来几千亿美元的具有高度风险的贷款,经过变戏法式的创新包装,形成超过原值几十倍、可能高达十几万亿的金融衍生品,于是乎把市场搅得天昏地暗,演变成吞噬了无数著名机构的庞大骗局。那些著名机构中,有的是世界一流的学者专家,智商极高是毫无疑义的,自愿卷入"击鼓传花"的大赌局,当然不会是一时糊涂,而是实在难以抵挡戏法中隐匿的巨额利润的诱惑而已。他们踏上贼船的案例,印证了上面引用的马克思的名言。因此,问题的要害,不在于当局是否严肃监管了这场游戏,而在于必须先回到物理学概念的原点,重新判断,究竟是否应该把由几千亿化装成十几万亿的魔鬼放到人间来?

再看一下关于著名的花旗银行的数据,也许会让我们更加清醒。花旗的自有资本为两百亿美元,它的总资产是两万亿美元。银行的总资产大大高于自有资本,属于正常范围,我们不予讨论。匪夷所思的是,花旗持有的各类金融衍生品规模高达三十九万亿美元。只要有小学的计算知识,我们就明白,花旗的金融衍生品交易,仅仅出现万分之五的损失，它的自有资本就化为乌有；同样，只要花旗的金融衍生品交易有万分之五的赢利，它的资本就几乎翻了个倍，股东们自然发大财了。谜底终于可以揭晓。像花旗这样的百年巨人，甘愿冒翻船的风险，掷下如此大的赌本，恐怕也是因为面对了难以抵御的魅惑！

　　思考的焦点，显然已经集中到金融衍生品交易的基本制度设计。金融衍生品交易的高利润（或者高风险），源于衍生交易的特殊规则，可以用很小的资本做很大的交易，就是俗话说的"以小博大"。花旗持有几十万亿的金融衍生品，其进入投机市场的真金白银可能只是衍生品规模的几十分之一。杠杆效应，在这里展示得惊心动魄。千分之几乃至万分之几的输赢，导致有跳楼的有开香槟酒的，平时微不足道的小数字，决定了无数人的命运，或者破产，或者暴富。整座金融衍生交易的大厦，就是如此奇特的建筑，被细小的柱子支撑着的摩天大楼，在风和日丽的春色中，也许很宏伟，很能恐吓世上的芸芸众生，殊不知，一旦遭遇狂风暴雨，召唤来再高明的救援队，恐怕也左右为难，束手无策！

　　市场经济时代的金融业，经历了若干发展阶段。首先是传统的银行业，以发放企业贷款为主要的赢利模式；其后发展起来的股票和债券,把金融的力量大大扩展了,但是,它还是实体经济的服务者;惟独到了金融衍生品交易出现之后,金融业无法自控地膨胀起来,存贷利差似乎已成为蝇头小利,为实体经济效劳好像也变得古老和迂腐。伟大的创新诞生了!只要把人家的东西拿过来包装一番,如次贷,更是反复地包装,在复杂的交易过程中,财富就源源不断流入华尔街的金库。事情已经做到相当极端。这次危机爆发后,重要的数据才开始被公众注意。全世界几十亿人辛苦劳作一年,GDP总值是几十万亿美元。金融衍生品的规模有多大呢?一说四百万亿,一说五百多万亿,也有说超过六百万亿的。世界经济俨然成为头重脚轻的怪胎。其间,自然制造出许多亿万富翁,遗憾的是,同时也把巨大的风险留给了世界。公众智商,尽管比不上华尔街的天才,看不懂天书般的金融衍生品框架,却具有凡人的理性和常识,我们当然明白,世界的总财富,只有靠辛勤劳作才可能增长,依赖电脑进行的复杂的金融衍生交易,大体上仅仅是一种财富转移、搬运的游戏!

为了避免批评走向极端,本文讨论的范围,坚持局限于如次贷之类的最疯狂的衍生品交易。至于其他一些高风险的交易，比如具体商品的期货交易，我并不想涉及，那里的某些内容，好像还具有相对的合理性。

最后，我想把讨论扩展到相近的文化方面。最近，看到一份材料，是香港的年轻企业家和学者们关于当前危机的讨论。某些发言，让我感慨良多。有人说，由于金融投机的盛行，一夜暴富的想法，开始在香港的年轻人中越来越流行，香港人多年培育的辛苦打拼的精神，正在令人担忧地渐渐瓦解。

我们知道，香港今日的繁荣，依旧是有足够保障的。上述言论，可以看成盛世危言。但是，我非常赞同此忧虑中闪耀的理性光辉。次贷之类疯狂的东西，对社会经济的破坏，我们已经看清楚了，它们对人类精神的危害，社会似乎还缺乏足够的研讨。当下，国内金融界的精英们，许多是闯荡海外多年的学生，他们带回了前卫的金融理论、高深的金融知识，对我国建设现代金融业的贡献颇多。但是，在金融不断繁荣的同时，特别需要警惕什么问题呢？看来，如此令人扫兴的话语，只有留给我这样的书生来说了。

二〇〇九年四月

金融危机与文化陷阱

何来"文化的陷阱"

开宗明义,本文提出如下见解:"发端于美国的经济危机,其源头,或许是文化的陷阱。"

为了说清楚观点,有必要简略回顾相关的历史。

当前的状况,令我们不断想起一九二九年的大萧条。彼时全球大衰退,世界经济处于一片狼藉的困境,那应该是典型的资本主义的周期性危机。那次灾难,迫使资本主义的精英们紧急寻求对策。于是,在思想层面出现了凯恩斯主义,在政治层面则是实行罗斯福新政。按现在的语言分析,就是资本主义实施了改革,而且是隐晦地向社会主义学习后的改革。一手学了点计划经济的国家干预,另一手是学了点安定民生的社会福利。由那时至二战结束,世界的格局,是社会主义的攻势与资本主义的守势。你想,打一场二战,出了一批社会主义国家,那胜势还不明显吗?

"福兮祸所伏。"飞速变化的形势,让前苏联为代表的阵营,产生了政治上和文化上的盲目感。其主要的表现,就是认为社会主义很快将取得全球性的胜利,甚至认为共产主义也指日可待。君不见,前苏联不顾国力民生地拼军事竞争,正是这种思想盲目导致的行为,意图尽快与西方一决高低。同时,由于自信社会主义的优越无可置疑,自身改革发展的动力消失了,代之而起的是政治、经济、文化全面的故步自封的僵化。社会一旦僵化,经济衰退与社会动荡接踵而来。此时,轮到社会主义急迫地想进行改革了,包括借鉴西方的经验,拿来市场经济的利器。可惜,很多国家没有熬过转型的阵痛,其结果我们早已看见,就是上世纪最后十几年出现的苏东巨变。

历史常常是惊人地相像。苏东巨变,在美国为代表的阵营,同样引发了政治上和文化上的盲目感。此盲目最明显的表露,应该算美国学者福山提出的"历史的终结"的论断。福山公开提出此观点是在一九八八年,前苏联已经风雨飘摇,但是还没有瓦解。因此,当一年后的突变把世界打晕的时刻,西方人未免把福山看成了现代预言家。福山的思想顿时占据了西方社会意识的制高点。在福山他们看来，资本主义在全球的胜利已经没有任何悬念，这种胜利，是历史的终结，社会制度再没有新的发展的可能。几年之后，福山曾经写过一篇文字为自己的观念辩护，声称尽管他个人比较喜欢美国的方式，但是，那只是个人兴趣，"不是原则"；他所谓的历史终结，并不专指美国制度，学理上更推崇欧盟的实验。福山自我辩护的背景，是美国四处点火的战争，引发了西方知识界的批判。但是，福山的观点已经不是他个人的学术研究，所谓历史的终结的想法，在美国上层获得了广泛的赞赏，似乎美国式资本主义的无往不胜已经成为定论。文化思想可能引导社会政治倾向，在此表现得相当清晰。以今天的眼光看，福山的偏激显而易见。只要地球人存在，历史便无法终结，多元的思想、制度的竞争，也将继续时而激烈时而宽松地延续。不过，在二十世纪末的十来个年头，福山们自信的态度，确实代表了美利坚顶尖学者的战略判断。

当大学者提出的错误的战略思想，渐渐在社会上扩散，并且获得政治家们的欣赏时，它就演变为文化上的陷阱。

在这样的文化的熏陶下，首先是社会思想以及国家行为的变形。美国的主流意识，一般是比较保守的，倾向于尽量少介入外部世界的纠纷。美军在越南战场的失败，加强了这样的保守意识。上世纪八十年代，我以作家身份访问美国时，所见到的知识分子，谈起战争与和平的话题，无一不是反对去别国打仗的。近一二十年，感觉那里的情况变化很多。所谓"新保守主义"，大体是"以攻为守"的主义。大概是相信了历史即将终结，美国的制度和生活方式将不可阻挡地向全世界推进，美国当权者开始强化世界警察的意识。他们在前南斯拉夫、阿富汗、伊拉克的战争行动，是那种意识的具体实践。我想，事情闹到今天，美国的主流意识应该渐渐回归了。你看，新当选的美国总统奥巴马，已经对从伊拉克脱身有了明确的时间表，自然是转变开始的明显信号。陷入经济危机的美国人，会越来越清楚，把大量的美元扔进遥远的国度的炮火里，是让他们陷入当下困境的重要原因！

危机与战略迷梦

文化的辐射能量，离不开特定的环境。福山思想的扩散，是在冷战突然结束的狂喜中产生的，尽管是那样地缺乏理性，却被美国的上流社会广泛接受。国家战略行为的变形，就是在这样的基础上产生的。它当然不仅仅局限于对外的战争，在经济的狂热追求方面，展现得更加淋漓尽致。从二十世纪临近尾声起步，长时间的繁荣的狂欢开始了。财富，从世界各地源源不断地流向华尔街，流向美国人的口袋。假如不是次贷之类的丧钟猛然敲响，大概很难打破"芝麻开门"式的新美国梦。

故事大约是如此开讲的：因为历史已经终结，因为强大的对手不复存在，因为自由是最奇妙的力量，原来的谨慎，原来的规则，原来的控制，似乎已经显得迂腐和过时。现在流行的，是越来越大胆的办法，越来越离奇的花招，目标十分明确，就是方便地获得越来越多的世界财富！为了理论的通俗易懂，仅仅在传统资本主义的概念上增添了两个字，"自由资本主义"，叫起来很响亮，成为新竖立的迎风招展的大旗。开宗明义，很清晰啊，让资本更加自由地为所欲为，更加自由地进入全球的每个角落！对于唯一的超级大国来说，绝对自由＝绝对财富，这样简单的公式，嘴上不说，心里非常清楚！

第一等方法,是大量印刷美元。这个问题,我在《战略选择——回归金本位》一文中已经详细说过,这里略去。

第二等方法,就是由华尔街出面,假金融创新之名,让全世界购买花哨的金融衍生产品。金融衍生品恰恰是在"自由资本主义"的文化温床上汲取养分,如雨后春笋,横行天下。本次金融危机爆发后,善良的民众瞠目结舌地发现,衣冠楚楚的华尔街大亨们中,骗子特多。民众更加惊讶的是,为什么素来高效的美国机器,迟迟没有察觉庞大的骗局。其实,不是监控失责,而是决策的立意正在放松控制!在"自由资本主义"看来,市场上的每个人都是理性的,市场自己具备纠错的本事,政府监控越少,市场的效率越高。这样的国家战略下,特别适宜金融衍生品的发育。包装,包装,再包装,几千亿的高风险的"次级贷款",竟可以繁衍出几万亿乃至十几万亿的货色卖给全世界。诸如此类的戏法,最后把地球人全拉扯进金融风暴!若不是美联储装聋作哑地放任,可能演变至此吗?

这里,必须回答一个疑问,他们为什么欢迎这样高妙却绝对恶劣的东西?

仔细想想,答案还是明白的。进入二十世纪后半叶,美国的对外贸易，靠什么支撑？换句话说，他们在进口全世界的优质商品的同时，用什么予以交换？当辛苦的制造业慢慢转移到世界各地，当汽车等大宗商品被欧洲、日本夺走市场，美国贸易的底气明显地不足了。赚钱的方面还剩若干。其一，是军事产品。这东西很赚钱，不过，并非天天可卖，得等打仗的机会。其二，是具有知识产权的高科技商品，大的如飞机、卫星，小的如网络、电脑产品等，这里的优势还在，不过，也并非永远通吃，其他国家追赶得很快。其三，是电影等文化商品，此乃传统的来钱的生意，附带外销美国的意识形态，自然很上算。不过，文化方面的贸易总值毕竟有限。因此，靠以上种种贸易，美国人还是没法过富得流油的好日子。华尔街的天才们应运而生。他们向美国当政者证明，靠产品贸易的方法陈旧了，也太辛苦了，并且难以直接地控制全球经济；目前最先进的办法，是靠"智慧"赚钱，把"次级贷款"之类的垃圾债券，经过巧妙的反复包装，形成眼花缭乱的金融衍生品，大量抛向世界市场。反正全世界的金融体系唯华尔街马首是瞻，不愁局面失控。因此，无须打仗，一样黄金万两！在本次危机哄然爆发前，美国的精英们是很陶醉于如此梦境中的。

这些话,说得有点尖刻。不过,大体符合实际状况和逻辑推理。

危机与思想悖论

社会主义是在批判资本原始积累的冷酷中产生的。如果剥离意识形态复杂的话语,回归到本义,两者的分水岭,在分配问题上特别清晰。社会主义主张劳动是分配的基础,应让多数人相对公平地获得财富;资本主义则主张资本是分配的决定因素,不应用公平限制社会贫富的差距。一二百年来,由于前面提及的资本主义与社会主义先后实行改革,特别是学习对方长处的改革,导致某些方面的界限产生模糊,但是,本义的明显区别依然存在。

实践证明,社会主义的问题,突出表现在过度追求公平可能导致效率的低下。由于本文不讨论此方面的内容,所以略去。资本主义的突出问题是什么呢?在我看来,其一,是财富的悬殊,总要引发社会矛盾和冲突,甚至导致大规模的革命,这是过去的历史一再证明的,也是他们的改革者主张扩大社会福利的根本原因;其二,则是他们的文化思想中有一个致命的悖论:既然个人追求超额财富是天经地义的,那么地球上所有的人作此追求时,如何可能相安无事?资本主义理论家们把维护平衡的希冀,寄托于法律的严厉管制,防止个人的追求伤害他人的利益。但是,"自由资本主义"的盛行,又打破了希望平衡的可能。既然要求政府少干预,只能让"自由"的"理性人"在市场上互相打仗,其结果,在本次金融危机爆发的教训中我们充分领教了。

其实,有一个问题,是大学者们有意无意忽略(或隐藏)的。社会也许区分为精英与普通百姓。假如只有精英(或者超级大国)能够攫取超额财富,而普通百姓(或者发展中国家)只可以维持温饱,他们构筑的世界或许是太平盛世。不过,资本主义同时宣称人生而平等,任何人等均可以追逐想要的目标,矛盾也就没法避免了。华尔街暴露的情况是,无数的"理性人"屈从于金钱的召唤投奔市场,"自由"地胡乱碰撞,搅成一锅粥,最后理性演变为疯狂。当攫取超额财富成为多数人梦寐以求的方向时,由于羊群效应,最后可达到的疯狂程度是惊人的。

天堂和地狱,有时只一步之遥。文化引导社会的趋势,尺度十分重要。当贪婪的疯狂之火熊熊燃烧起来以后，再来扑灭它，代价实在是太高昂了！

危机与精神代价

　　社会为金融危机支付的高昂代价，经济层面的，我们看得很清楚了。精神方面的代价呢？其实更加难以衡量！

　　社会财富由劳动创造。智慧可以大大增加劳动创造财富的能量，比如科技发明，比如科学的管理和组织等等。但是，人类的智慧如果大量地运用于投机，运用于设计转移财富的游戏,把别人的劳动果实轻易地转入自己的口袋，特别是"智慧"到能够规避法律的制裁，其示范作用是很可怕的，将使社会关注的焦点，特别是年轻人关注的焦点，转向投机方面。

　　人类数千年的文明进程，形成了一个较为普遍的认识：财富是劳动创造的，人需要靠劳动获得自己生存的必需。有没有辛苦劳动之外暴富的可能呢？当然是有的，比如，依靠政治权力侵占，依靠战争掠夺，乃至偷盗、赌博等等。好在人类的多数是蔑视上述行为的，因此，尽管它们总是存在,却不可能取代鼓励辛勤劳动的社会主流意识。

金融投机,特别是金融衍生品投机形成的社会效应,对人类精神的伤害,危险程度远高于前面提到的暴富行为。它是在所谓合法的框架内操作的,进入投机的个人,要求具备很高的智商和素质,也就是说,是精英们玩耍的游戏,因此,对公众的示范作用特别强大。

社会财富的分配模式,直接引导着人类的行为趋势。近几个世纪,较多的劳动力,从农业转向工业、商业,转向科技等高端产业,除了社会进步的各种因素,也与社会分配的变化相关。金融领域,作为现代经济必不可少的核心部门,在社会财富的分配上素来占据优势,这是理所当然的事情,我们绝不眼红。现在的问题是,疯狂的投机,使金融业出现了从社会实体经济的服务者演变为掠夺者的危险,它挫伤的不光是正常的经济运行,而且以其貌似合法的不当暴利,助长了轻视勤劳致富而渴望一夜暴富的畸形心理,在人类文明的进程上投下巨大的阴影。我们认为,对假创新之名冒出水面的疯狂的金融衍生品交易,不仅需要在经济的层面分析它的危害性,同时要考虑其对人类精神的毒害。正像我们打击赌博和贩毒,相当重要的目的,是保护人类社会文化的健康态势！当然，我这里提及的疯狂的金融衍生品交易，指向乃次贷一类的金融骗局，并非否定所有的金融创新。比如规范的商品期货交易，需另当别论，那里是加强监管以利正常运作的问题，两者不应混淆。

二〇〇九年六月

黄金——超主权货币之母

一个人发烧是表象,导致发烧的原因,才是高明的医生所关注的症结。所谓对症下药,基础是把病理搞清楚。本次世界性的经济危机,表面的问题,是华尔街的疯狂投机行为,其深处的毛病是什么呢?越来越多的人已经认识到,是美元没有强约束的特殊地位,这种特殊性使美元得以超额负债发行,最后把危机扩散到全球。

美元在近年内相对世界各种货币均有百分之十以上的下跌,以美元对世界的负债粗算,世界各国已经承担了几万亿美元的损失。正是由于美元的掠夺性发行,才让华尔街的疯狂投机有所依赖,才会让那条小街上几个人的胡作非为波及整个地球。

病症很清晰,如何治理,却因为巨大的利益考虑,产生了明显的差异。美国希望维持美元地位,那理由傻子也明白。欧洲等发达地区和国家,同样没有改变货币现状的迫切性,除了由于他们与美国天然的伙伴关系,也有利益的盘算在内,毕竟他们的货币是仅次于美元的强势币种,在当今的结算框架下也有较大的好处。强烈希望打破不合理现状的,是发展中国家以及后发达国家。中国央行提出超主权货币的设想,予以鼓掌的正是这些国家。

推出超主权货币的困难,除了发达国家的消极态度的障碍,还有技术上的大量问题。只要目前世界的政治、社会格局没有重大变化,没有真正意义的世界央行诞生,希望出现一种能在世界流通的超主权货币,基本做不到。即使像欧元那样地区性统一的货币,其产生的艰辛道路至今令人叹为观止!但是,为了世界贸易体系的安全可靠,设计一种仅用于贸易结算的超主权货币,则是必要与可行的。其前提是,需要有全人类基本信赖的中介物作为超主权货币的计算基础。

我们理所当然地想到了一个特殊的东西,即在世界商业史上长期具备公认价值标准的黄金!

在英镑和美元先后成为世界性的结算货币之前，黄金在贸易中长期占据交易价值标准的地位。它的地位最后被强势货币所取代，主要的问题是两个：一、黄金笨重并且携带不方便，又难以分割，贸易结算不方便；二、数量有限，难以适应现代经济的巨大交易需要。

和人的优点缺点纠葛在一起的特征相似，黄金的缺点又正是它的优点。它的相对稀少，它的难以大量制造，使它具备公允性可靠性，至少无法像印纸币一般随意大量发行。

由此，我们的考虑是，在黄金的基础之上，创设世界贸易的结算货币，即类似央行提出的超主权货币。需要强调说明的，它是贸易结算货币，而并非流通货币。这样，至少避开了黄金数量不足和不易流通的缺陷。

我们设计的公式是：$S = M$ 乘 G。

公式中的 S，代表超主权的贸易结算货币；M，代表有资格进入的某国货币；G，代表在某一段时间内，某国货币与黄金的换算系数。

设想由世界银行或者联合国货币基金组织建立贸易结算平台，各国央行是贸易结算的成员单位。在不同国家的商业机构进行贸易时，按照他们商定的价格，向各自的央行提出结算申请，各国央行按照上述公式进行结算，结算的结果是某国央行向另一央行付出或者收入超主权货币，而向本国的商业机构收取或者付出本国货币。

需要特别说明的，是上述公式中的"G"如何确定。在目前的黄金市场中，黄金有自己的价格，随市场需求而浮动。但是，作为贸易结算单位中的基价，它需要基本稳定。因此，在创设超主权结算货币的过程中，参与的各方，应该达成一种共识，即在相同的时间段里，参与者把黄金与本国货币的换算系数相对固定，可以达到相对公平的结果，即在某一时段，无论买进还是卖出货物，均按相对稳定的系数进行换算，而不去理会黄金市场的波动。由于超主权货币仅用于各国的贸易结算，并不直接进入市场流通，因此与黄金价格有一点小差异，不构成明显问题。各国的央行，买入或者卖出按同一系数换算，得失也在伯仲之间。至于万一某国货币出现巨大风险，作为结算平台的权威机构，当然可以采取应急措施，采取暂停贸易结算等办法。

鉴于各国的贸易结算有顺差与逆差，当中的过程也比较复杂，所以应当允许各国央行拥有的超主权结算货币在合理的框架内有负债,即根据参与国的经济与贸易状况,设计合理的负债系数。实际上,是把美元曾经享有的独特的负债权利,普惠到有资格参与结算的国家。目前,世界经济依然处于困难的时候,这个有适当负债的结算办法显然有利于推进贸易和生产。同时,它又是可控制的,不像美元的现状,发行多少,完全由美联储一家决定。各国央行,作为一个国家经济利益的代表,享有适当的负债权,对世界经济安全不构成威胁。

对世界金融体系进行改革,涉及巨大的利益分配,其困难是谁都清楚的。但是,人类的共同利益,要求我们最终找到符合公正标准的途径。明显倾向个别国家的体系,不可能永远持续下去,并且总是酝酿着特别的风险。在本次金融危机与经济危机中,我们已经充分领教了它的后果。即使在目前的改革中暂时失去特权利益的国家,最后还是能够享有它应得的利益。毕竟所有民族和国家的根本利益是建立在全球经济的长远安全之上的。这就是本设想的出发点。

二〇〇九年九月

老三届——一代人的"淡出"

有一个群体,三十几年间,在中国的政治、经济、文化等各个方面,是十分活跃的力量。现在,因为年龄的关系,他们正在逐步退出社会生活的一线。这就是所谓的"老三届"们。

"老三届",是百姓口中的俗称,包含着比较宽泛的概念。最初,它代表的是"文革"爆发时在高中与初中就读的那批学生;后来,它又涵盖了"文革"初期尚在小学的中高年级、以后才陆续进入中学的那些学生。后者曾经被称为"新三届"。久而久之,前者与后者的差别渐渐模糊起来,于是,"老三届"便成为他们统一的称呼。

这样,"老三届"出生的时间跨度,前后大体上有十年之久。他们之所以被作为一个群体看待,是源于某些共同的特征。

首先,他们是"文革"初期被广泛动员和利用的基层力量,这就是所谓的"红卫兵"与"红小兵"。其中一些人,因幼稚而狂热,做过错事甚至坏事。之后,他们与我们的国家一起历经磨难。千百万知青的上山下乡,尤其让他们从狂热到冷静再到觉醒。因此,他们又是较早反思"文革"的群体,最后,成为推动"文革"结束的强大的基层力量。

其次,由于上面的原因,他们理所当然地是改革开放的拥护者。改革开放之初,他们的受益也是明显的,例如,恢复高考使他们中间的一部分重新回到学校,知青返城则让更多的年轻人重新升起了理想的风帆。在三十年的改革开放进程中,他们从国家的基层到上层的所有领域,均是贡献巨大的社会力量。三十年一晃而过,他们从三十岁左右的青壮年变为六十岁左右的中老年,我们的国家则由经济崩溃的边缘走向全面的繁荣富强。"老三届"们最好的年华,是中华民族复兴之路上遍地盛开的小花。

末了,还需要指出他们具有的一个相同的特征:由于他们在"文革"前就接受了中等或者初等的教育,这不仅使他们在恢复高考时具有某种竞争的优势,更重要的是,他们对国家的认知具有连贯性。他们可以尖锐地发现社会的种种问题,但他们也清楚地明白国家走到今天的艰难性;他们的记忆中,既有"文革"狂热的可怕,也有三年自然灾害饥饿的恐惧;种种权衡,让他们清醒地意识到,渐进性的改革,对中华民族而言是最好的选择。正因为如此,他们又是若干年来,每每遇到社会动荡时,十分重要的基层的稳定力量。

"老三届"淡出社会生活的一线,将留下不少难以立时弥补的空缺。像笔者长期工作过的新闻出版业,在五六十岁的这档人的后面,四五十岁的那个层次的编辑,数量相对较少,要到三十多岁的这一档才多起来。原因已经在前面分析过。恢复高考之初,"老三届"们在知识储备上有优势,考进大学的多些,而紧挨在他们身后的弟弟妹妹们,由于在"文革"期间的学校里基本上没学到什么,再想考进大学,就比较难了。年龄层次的断档现象,是无可挽回的历史造成的。这将在一定期间内对各方面的事业有或明或暗的消极的影响。

写本文的主要目的,不在于指出以上人所共知的事实,而是希望为"老三届"们呼吁点什么。

由于作者属于"老三届"的范畴,朋友圈也以"老三届"

为主，对他们的甘苦知道得自然多些。据我观察，由于"老三届"特殊的经历和锻炼，其中的"成功人士"不算少。但是，从统计学的角度分析，那仅是浮在社会表面引人注目的一小批幸运儿。恢复高考的时候，我们幸运地走进了大学，但是，更多的同学们，由于十年动乱，永远地与高等教育绝缘了。他们的命运，坎坷得很。在改革开放之前，他们多数上山下乡，没有基本的收入；改革开放的前期，讲文凭的年代，他们亦缺乏优势，拿不到好岗位；到市场经济热火朝天的时刻，一切讲竞争拼搏了，年龄和家庭负担，又让他们力不从心。可以说，除了进入上层建筑的少数人以及在商战中获胜而浮出水面的极少数，较多的"老三届"们，在当前的经济形态中，属于相对弱势的一群。当他们逐步淡出社会生活一线的时候，最让他们发愁的问题，恐怕是社保制度、特别是医保制度的不够完善。

重点说一说医保问题。因为"老三届"以及他们前面的各"届"已经"老"了，看病吃药是谁也无法逃脱的客观问题。某些医保制度的设计者，总喜欢搬出成熟的市场经济国家的例子，说国家承担不了太大的医保负担，要个人多承担一些。他们也许忘记了一个基本的事实："老三届"

们，在三十岁之前当知青，基本没收入；后面的一二十年，又是低收入；再后来，为改革转型作出牺牲，不少人又提前下岗。这和成熟的市场经济国家中的员工，工作一辈子有较多的积蓄，完全无法类比。要"老三届"们在退休以后较多地承担自己看病的费用，既不合理，也不合情。

当然，我们清楚社保与医保的资金存在很大的缺口，那也是历史原因造成的。我们也充分体谅政府的困难。但是，我相信，只要真正愿意解决问题，办法肯定是有的。笔者设想过一个方案，但是它超出了本文的主题，不想就此展开讨论。

最后，特别需要指出一点，"老三届"们虽然逐步淡出社会生活的一线，但是，在相当长的时间内，他们依然是我国社会稳定的重要力量。现在，年轻而富有朝气的八〇后或者九〇后，似乎正是他们的子女辈。父辈们为国家发展奋斗一生，退休后的生活状况如何，将直接影响年轻一代的方向选择。各种制度的设计者们，一定要清醒地意识到这一点。

二〇一〇年一月

盛世危言——谁可能崩溃

三月三日的《参考消息》很有意思。同一天,该报编发了两位哈佛大学教授的观点。教授们关注的问题相同,即所谓的"大国是否可能崩溃",但对象完全不同。佛格森教授认为,"大国的崩溃可能骤然发生"。他瞄准的目标很清楚,特指他所生活的美国。他从二十年前苏联突然解体的案例出发,思考:"假如帝国这种复杂体系迟早要突发灾难性变故,这对当今美国有何意义?"佛格森教授的思考非常理性,也十分有勇气。另一位教授罗戈文,思考的逻辑则比较奇怪,他认为中国将要崩溃。如此严肃的命题,举出的理由却十分简单:"差不多是时候了。"

要在哈佛谋到个教授职位,智商是没问题的。现在,两个聪明人的观点很不一样,我们也就有兴趣参与讨论。

美国的麻烦是什么

佛格森担心的问题挺具体:"绝大多数帝国衰落都伴随着财政危机。"美国二〇一〇年的赤字将超过一点五万亿,占 GDP 的百分之十一。假如再考虑过去累积的债务,那就是十几万亿甚至几十万亿之巨。我们是应该像佛格森一样心惊肉跳的。按照欧盟的标准,或者按照希腊危机的案例,美国似乎离破产也不远了。当然,我们知道美国一时还破产不了,不但因为它是超级大国,底子厚得很,而且因为它掌握着印刷世界储备货币的独特的权力。希腊欠了美元还不出,是要破产的;美国人自己的钱不够了,只要多印些绿纸头就行,那个成本很低。不过,佛格森依然忧虑:"真正起作用的并不是大国的物质基础,而是人们对大国未来的预期。""总有一天,一条似乎偶然出现的坏消息——突然间,对美国财政政策的可持续性感到担忧的不再只是为数不多的几名政策专家,而是全体民众,更不用说海外的投资者了。这就是关键性的转变——"这位美国教授,按我们的说法,属于忧国忧民一辈。他勾画的悲剧前景很清晰:哪一天,突发的情况,让美国民众与世界投资者一起怀疑美国的经济,合力抛售美元与美元资产,多米诺骨牌效应将会击垮巨大的美国。

这样的忧虑,作为理性的思考,可以成为一说;不过,按照现实的分析,概率还不是很大。关键是,什么样的"突发的坏消息"能具备如此大的杀伤力?也许,如果美国的决策者们不彻底改变冷战结束后的新保守主义趋向,即用包括武力在内的手段强行向世界推销美国秩序和美国价值,那么,类似伊拉克和阿富汗的泥潭将越来越多,击垮美国的杀伤性武器,将是它自己的历史性失误所铸造。

不管美国的政策是否有明显的调整,美元的巨大债务的风险是客观存在。最近读到中国一些学者的文章,谈到中国的外汇储备和美元的关系,有点莫名惊诧。他们的主要观点是两条:一、除了美债和美元资产,没有更好的投资方向;二、为了美元不下跌,只有继续多买美债。中国经济界的精英中,有若干是从美国学成归来,挟带些老师们的观点也正常。不过,我们必须首先考虑中国利益。战略性的资源、石油、黄金等等,为什么就不是比美元更好的投资方向?至于美元是否下跌,是美联储的问题,何必要我们代为操心？面对巨大的美元风险，择时不断退出，应当是明智的决策。

中国需要警惕什么

罗戈文教授有着比较显赫的头衔，即"国际货币基金组织前首席经济学家"，因此，讲话时也就有独特的气势。他认为，经济学中最令人害怕的字眼是"这回不一样"。他说："如果说当今世上有一个'这回不一样'的故事，那就是中国。"在这里，教授使用的不是理性的分析，而是预言家式的唐突。他的意思还是很清楚的：西方曾经预言过多次中国的崩溃，一直没实现，"这回不一样"，真的要来了。

对于这样的预言，我们不能一笑了之。相反，我们可以从中获得一些警示性的思考。罗戈文教授有一个说法还是站得住的。他认为："现在，世界头号经济体仍未走出上世纪三十年代以来最糟糕的经济衰退。因此，在不利的全球环境下，中国基本要靠它自己。"这样的说法，近一段时间以来，我们听得很多，就是提醒中国，美国人不买你们的商品，你们的经济还有什么办法？顺便说一下，这也是鼓吹中国继续多买美债的理由:似乎惟有如此,美国人才有钱来买中国商品,让中国经济继续发展。

其实,中国政府早有高明的对策,那就是大力启动国内的消费。在本次世界性的经济危机中,我们发现,十三亿人口,既是经济的压力,也可能是强大的动力。市场经济能够顺利运转的核心秘密,在于提供有效的最终消费。去年,我去过一趟欧洲,觉得那里的经济复苏得很慢,关键是缺乏最终消费。一般民众,该有的基本有了,危机时期又不愿多买奢侈品,经济前进的动力就难以找到。中国很不一样。百姓刚刚开始小康,需要消费的地方还多,市场经济的活力远远没有充分发散。只要致力于多数人的消费能力的提高,中国自己的市场的包容力,将是对中国一知半解的罗戈文教授所难以想象的。

关键是如何发挥十三亿人的消费潜力?本次两会,温家宝总理的报告,做出了充分的回答,旗帜鲜明地强调着力保障和改善民生,特别是要改革收入分配制度,坚持社会的公平和正义。只要让十三亿人口中的多数更富裕些,获得更多的安全和保障,除了吃饭尚有余钱消费,中国市场经济的大道还有得走!期待中国经济崩溃的人们,肯定会再次大失所望。

　　写作本文的目的,不是为了与哈佛的教授争论,而在于以子之矛试我之盾,从对方的进逼中,察觉我们需要特别警惕的方向。把我们自己的事情办好了,外部世界的很多偏见,也许就烟消云散了。

二〇一〇年三月

危机：西方学者的忧虑促我们思考

经济危机爆发以来，西方学界，特别是美国的学者，忧国忧民的不少；思考问题的深度，明显超越歌舞升平的年月。熟悉他们的思想倾向，不但有利于世界性的对话，而且对我们自身也有甚大的借鉴作用。

西方学者的几大困惑

其一，担心贪婪的放纵击垮社会。我们知道，市场经济有一个理论的原点，就是所谓的"理性经济人"的假设：人参加经济活动的目的是追求个人利益的最大化；在合理的秩序下，无数个人追求碰撞的结果将有益于人类整体。无庸讳言，市场经济的动力，就在于激发或者说利用人的这个本性。恩格斯也说过，"贪欲和权势欲成了历史发展的杠杆"。不过,东西方对于人类的这一本性,早就有高度的警惕。我们熟悉的某些寓言和童话,诸如不小心打开瓶塞或盒子,放出了危害人类的魔鬼,这些各民族不约而同创造的故事,正是古人以艺术形式对我们的警告。《金鱼和渔夫的故事》,本来是《格林童话》的名篇,让我惊讶的是,伟大的普希金竟然把它改写为长诗,大约是诗人被其揭示贪欲的深刻而震撼。

本次源于华尔街金融魔方的经济危机,让学界增添了对贪婪的恐惧。在传统的秩序下,贪婪会造成个人、家族乃至企业的悲剧,而控制世界经济命脉的现代金融业的失控,则可能拖累全球社会,这大约已被多数人亲身体验了。美联储主席伯南克最近感叹,不能再听任几家银行决定世界命运的局面继续下去。这是很明智的认识。必须指出,现代金融业,特别是金融衍生品交易潜在的暴利,几乎与毒品买卖难分伯仲,希望靠一点制度就完全管住,等同于痴人说梦。

其二,担心国际秩序的紊乱。冷战结束之后,某些狂妄的思想曾经在美国学界膨胀,其代表就是发端于学者福山的所谓"历史的终结"。在这种思想看来,人类历史已经被美国的制度和秩序所"终结"。学界的思想体现到政治上,就是布什政府所信奉和推行的新保守主义,即以包括武力在内的手段,强行向世界推广美国的价值和制度,为此不惜打破国家边界不可侵犯的传统契约。萨达姆尽管可恶,但是以编造的"大规模杀伤性武器"作为发动战争的理由,至今未见美国当权者有明确的反省。何况,有理由就可以先发制人地打仗,这不是历史上所有的战争机器的逻辑吗?此问题不澄清,世界很难安宁,美国自己也将经常性地陷入伊拉克式的泥潭而难以自拔。美国知识界,在"九一一"之后,出于忌讳,发表的反战声音比较薄弱,现在则大力批判新保守主义趋向,表明了他们的反思。

其三,担心民主的异化。在承认民主是迄今最理想的社会组织形态的同时,对民主可能导致的问题,西方曾经有所警惕。主要的担心在于少数服从多数的体制,是否可能导致多数对少数的压制乃至暴力。为此,美国的制度设计,是努力在民主制约和精英统治间寻找平衡。应该承认,这种制度设计,一百多年的实践,在美国本土大体是有效的。问题是出在美国急于向全球推销它的制度上。美国外交学会的研究员最近写了篇文章《西方式民主在全球衰弱》,

反映了生硬地移植美式民主因水土不服而收获的异化。在某些国家,多数对少数的暴力,或者失败的少数反过来使用暴力,种种担忧已成为事实。这是我们不时可以读到的新闻。

其四,担心科学主义危害人类本身。所谓科学主义,是相信人类的一切问题能够通过科学的发展自然解决。这个争论,并不是在经济危机中才发生。典型的问题,诸如是否要用基因改造人类自身、技术能力的过度发挥是否危及地球和人类的未来等等。本文不作展开。

也许西方的学界还有其他的忧虑。以上,应该是比较集中关注的课题。关于第二项,中国的态度鲜明,向来反对干涉别国内政,其他的三项,则是我们在发展中也应当借鉴思考的内容。

中国哲学思想的启示

当我进入西方学者困惑的命题,进入似乎明显两难的悖论,游荡在抽象的逻辑与具象的现实之间时,不由自主地把中国古人的哲学思维搬出来作为参照系。联想较多的是孔子的思辨方法,特别是他的"中庸"。在我看来,"中庸",是孔子留给世界的最值得重视的哲学思想。

市场经济的运行,需要激发人追求自身利益的强大动力,但是过度贪婪将殃及社会整体,这时,很需要讲究一个"度";

民主制度保证社会的良性运行,但是胜选的当权者为保证自己集团和拥护自己的选民的利益,过分压制失败者,过分扩张权力,其结果未必比非民主制度理想,这时,也很需要讲究一个"度";

至于所谓"科学主义"的问题,毛病绝不是出在科学技术本身,而在于人类使用它的"度",比方说原子能的开发应限于建设,而不能用以屠杀,这显然是更加容易明白的事实。

这些关于"度"的把握,正是"中庸"的精髓所在。即使是布什政府向海外强行推销自己的观念,导致民怨沸腾,也与缺乏"度"的思考相关。你的那一套,本来兴许不错,在你自己的国度行之有效,但是,你不管人家那里的条件如何,硬要照搬过去,因此,"过犹不及",失败自然难免。

最近读到某位学者的观点,认为与"民主"、"科学"

相比,"自由"的重要性更明显。缺乏后者,前者难以付诸实施。我部分地赞同他的看法。中国正在逐步地富裕起来,我们的社会应该越来越宽容,越来越充满创新和活力。有比较自由的文化氛围,有比较自由的个性化思考,是现代社会的必要条件,也是民族能站立世界潮头的基础。不过,谈到自由,与前面的问题相似,"度"的把握同样不可或缺。强调个人自由走到极端,也可能是无政府主义,或者是某种样式的混乱。这些,用不着深奥的理论,常识与记忆就足以让我们清醒。

喋喋不休地唠叨"中庸",大概让有些人听了不舒服。其实,我的想法很简单:一个多世纪以来,中国的思想界较多地倾向于激进主义,并且常常不恰当地批评"中庸之道",并以此错误地引导民众,所以,我宁可把"中庸"抬得高些。

二〇一〇年四月

学会和解——社会走向和谐的文化选择

最近,有一家著名上市公司,因为股权与控制权之争,吸引了社会关注的目光。各色人等就此发表了许多评论。仁者见仁,智者见智。比如关于上市公司的归属与责任,比如现代企业治理制度的完善,比如企业家与职业经理人的理性与道德等等,有精辟见解的不在少数。对此,我不想参与争论。引发我思考的是另一个题目:当我们大家全赞成社会应该逐步走向和谐的时候,我们能否渐渐习惯一种文化取向——学会和解比善于争斗是更重要的本事。

我在若干文章里分析过一种事实,即一百多年来,甚至从更早的时候开始,由于近代中国文化传统的断裂,中国的思想界被激进主义控制的时候较多,并由此引导民众,甚至长时间地不恰当地批判"中庸"等民族文化中的优秀元素,使"斗争万能"的思想在精英与普通民众中成为共识。

激进主义的盛行，其原因很复杂，也有它历史的合理性，我不想就此再展开分析。我只愿意指出现实，如果我们不更多地学会和解，不理直气壮地把"斗争万能"的哲学从精英到民众的行为指导中驱赶出去，和谐社会的建立是很困难的。比如上述上市公司股权争斗过程中暴露出来的思想，无论是"鱼死网破"还是"鱼死网不破"，均是没有把"和解"作为重要的选择与可能予以安排。当然，"善于和解"，靠少数人，单靠矛盾的某一方面，很难实现；因此，培养普遍的"和解精神"，把"中庸"思想的发扬作为优秀民族文化精神的延续，是我们走向和谐之路的基础任务。

强调"中庸"，提倡"和解"，在不少人看来，是无能懦弱的表现。比方说，家庭里产生矛盾，无论是涉及婚姻麻烦，还是关系财产纠纷，周围的人出主意，不少是主张一个"闹"字，惟恐老实吃亏。"你不让我活好，我也不让你好死"，宁可把生命与财力消耗在长期的争斗与法律纠纷中，也不愿设想，是否还有"退一步海阔天空"的可能。再比方说现在常见的企业与员工的矛盾。这里确实可能有难以消解的利益冲突。但是，需要冲突到暴力解决乃至玉石俱焚的，总是极个别的状况吧？然而，现实中，无论是管理者还是被管理者,都会有相当数量的激进者反对让步,认为坐下来商谈,以温和的姿态作出和解的选择,就是示弱,今后就没法理直气壮了。这里明显有长期积淀的不良文化因素和行为习惯在起作用。至于社会关注的"动迁"问题、"上访"问题,更是集中反映了"斗争万能"倾向的可怕。激烈到何种程度,报刊常有披露,不需要再唠叨。你去听听双方的意见,各有其振振有辞的道理。但是,如果不用对抗的办法,是否更好一些呢?很多人对此持否定意见,以为闹个天翻地覆才可解决争端,才会获得利益。可见,要发扬"中庸",要提倡"和解",没有全社会长期努力,真是很难完成的任务。

　　学会"和解",最明显的好处是社会资源的节约。现在,人类对于经济问题、环保问题,开始懂得资源节约的重要性。资源是有限的,你浪费资源,即使是浪费他人他国的资源,最后你也会跟着受到惩罚,因为地球只有一个,地球的资源就那么多,我们谁也不可能离开地球而独立存在。至于"我死后哪怕洪水滔天"的自私观念,虽然有少数人喜欢,还是会受到普遍抵制的。回到社会领域,回到人与人的关系,其道理与经济、环保领域是一样的。文章开头提到的上市公司，尽管双方均高高举起为企业利益、股东利益甚至民族利益的大旗，实际结果我们则早看清楚了：那家公司的股价持续下跌，公司的经营受到冲击，公司的品牌蒙羞，内忧外患的局面并存，致使当事者身心疲惫。不管谁获胜，资源的损失，在相当长的时间内将无法弥补。

社会要学会"和解"，习惯"和解"，将经历一个艰难和长期的过程。"他山之石，可以攻玉"，我们不妨观察欧洲。今天，在社会平稳方面，他们似乎做得好些。依据他们的历史书籍，我们发现，在中世纪的欧洲，社会神经的紧张，社会关系的恶劣，处理社会矛盾的残忍，欧洲绝不比任何地方逊色。到文艺复兴时期以后，宗教与世俗的暴力冲突渐渐减少，人间的你死我活却愈演愈烈，直至酝酿出殃及全人类的两次世界大战。二战之后的半个多世纪，兴许是痛定思痛，欧洲社会的和解之声逐渐成为文化方面的重要趋势，并且慢慢渗透到社会的众多角落。欧盟与欧元的出现，尽管波折不断，麻烦多多，但是，肯定是欧洲乃至世界进步的标志性事件。欧洲的经验给我们以提示：不要畏惧于过程的繁杂，不要止步于无穷的障碍，关键是选准方向，一步步地走下去。

要提倡社会"学会和解",应该从精英做起,政府官员、企业家和文化各界必须身体力行,向社会展现诚意和感召力。曾经读到报道,说某某官员竞争岗位输了,就雇黑道伤害竞争的对手。这样的人,不但不能当官,连起码的人格也没有！官风不正,何以正民风！社会的和谐之路,自然要由处于相对强势地位的人带头去走,社会大众才可能逐步跟上同行。回到本文开头的那家上市公司,我们目前尚看不到双方马上握手言好的可能,但是,我有一个忠告,首先是给即将胜出的一方的。当股东大会决出胜负的那一刻,希望胜利者能真正表现出某种绅士的姿态,与失败者欣然和解。当然,同时也需要对方的配合,输了就大度地承认失败并欢迎对方送过来的诚意。那样,或许是你们这出闹剧最有意义的收场,为社会学习和解做出个样子来！

我经常想起黄帝与炎帝的故事。当黄帝的部落战胜炎帝的部落,黄帝宽容了失败者,保留了炎帝部落的基本权利,而炎帝则宣布永不再战,把余生贡献给农耕和医药——尽管故事会有种种不同的版本,我却愿意相信这个简洁的叙述,相信这是我们祖先给后人无比智慧的训示！

二〇一〇年九月

自私美元政策与人民币对策

最近,由于美国坚持自私的美元政策,继续大量印刷美元,导致世界汇市的剧烈跌宕,各国央行神经高度紧张。不少重量级的金融决策者为此发表演讲。有人甚至扬言,世界范围的大规模的货币战争一触即发。不管此话是否危言耸听,促使我们认真思考人民币的紧急应对之策,还是十分必要的。

由于中国经济的强盛,人民币在全球贸易中的价值正被世界逐步认识,人民币的地位越来越高,这是我们的主动所在;但是,由于我们长期过分重视美元,多年积累的外汇财富基本体现为美元资产,这些外汇大体是中国央行向进出口企业结算而来,因此,美元的下跌就意味着央行管理的财富缩水贬值,这又是我们的被动所在。

本次金融危机之初,二〇〇八年八月,我在"文汇时评"

上曾经发表过一篇文章《战略选择——回归金本位》，提出中国应该从大量持有美元资产变为大量持有黄金、石油为代表的资源性资产。当时，此文产生一定影响，但也有人视之为书生的空谈。两年多过去了，黄金从一盎司八百几十美元升至一千三百几十美元，是非争论已成为过去，不必再提。记得我在那篇文章中说："用文化的眼光分析，合法却不合理的利益，不可能长期持续，早晚要被纠正。美国在世界金融秩序中的特殊利益，特别是从一九七一年以来的明显不合理的特殊利益，是本次金融危机的重要原因，也是将被逐渐纠正的目标。因此，在战略思想上早一些回归金本位，应当是聪明的选择。"我所说的美国及美元的特殊利益，是指美联储享有世界央行的权利，即可随意印刷流通全球的货币，却不承担世界央行的责任。因为它主要关照本国经济的利益，以此决定货币印刷投放的数量。在我看来，由金融危机引发的针对美元的纠错趋势，还远远没有结束。

依据上述分析，我们对中国货币政策提出新的战略性建议。

尽管大量增持资源性资产是美元继续贬值下避免重大损失的基本对策，但是，因为我们的外汇主要体现为美元资产，而且三十多年的积累，使这个规模十分庞大，我们大量抛美元资产，势必导致美元更猛烈地下跌，使剩下的美元资产损失惨重。美国正是明白我们有投鼠忌器之虑，才有恃无恐地放任美元的印刷。从他们的自私利益考虑，以货币宽松政策为堂皇之言，实际是用纸印的美元来换取各国的财富，造成事实上美元绵绵不绝的下跌，是降低中国等国家手中掌握的美元债务的最轻松的途径。

为此，我们建议：应以人民币直接大量购买全球的资源性资产，包括金、银、铜、铁、石油等等我们长期需要的物资，同时还可考虑直接用人民币采购必要的又是本国市场稀缺的工业品、消费品。

此举将有如下好处：一、由于央行管理的外汇是向进出口企业用人民币结算而来，现在，我们向世界市场投放大量的人民币，有明显的对冲作用。如果美元继续下跌，石油、黄金等价格必然上升，我们购买的资源性资产可以对冲损失；假如美元上升，资源价格下跌，损失同样对冲，把国家的财富相对安全地锁定。二、由于市场上人民币的增量明显，客观上缓解了人民币升值的压力；同时，由于市场上人民币的增量，将有助于世界各国用人民币来购买中国产品，促进中国的对外贸易。三、不言而喻，此举将为人民币进一步成为世界性的强势货币自然地铺平道路。我们观察美元在二战后逐渐成为世界性贸易结算货币的历史，就明白他们的聪明是我们可以效仿的。至于担心人民币向世界市场大量投放会导致人民币的通货膨胀，那么，美国人向世界投放美元的漫长的历史，是有许多经验教训可以吸取的，关键的问题是把握好一个"度"而已。退后一步考虑，即使简单盘算买进大量战略资源的好处，也是显而易见的。中国的发展还有长长的路要走，资源永远不会显得过剩。

有人可能质疑此举的可行性。即你的人民币还不是世界性的流通货币，人家为什么要接受你的货币呢？

我们不妨从世界经济与中国经济的关联中来分析问题的操作性。本次金融危机以来，中国经济对世界各国的重要性变得十分突出。世界各国公认，中国是把他们拉出泥潭的主要力量。中国的力量集中体现在中国的需求上。比方说，澳大利亚之所以受危机影响小些，很重要的原因，是中国大量采购其铁矿石等物资，使其获得了恢复经济的喘息。在中国定单如此重要的前提下，我们提出用人民币结算，对方接受的可能性很大。二战之后，美国也正是用差不多的办法，使世界各国逐步认识和接受了美元的贸易地位。众所周知，当时著名的马歇尔计划的前提，就是其他国家应该接受美元。何况，我们手里还有一张大牌，就是我们掌握的巨量的美元资产，当然也包括欧元、日元等强势货币资产。人民币是有巨量外汇作为支撑的信用可靠的货币，这是全世界均清楚的事实。别的国家接受人民币的直接采购，必要时甚至可以签订与我们的外汇资产互换的协议，这样，非但让对方没有疑虑，我们也可以比较轻松地降低美元资产的比重了。总之，只要我们做出决策，并且坚决地推行，我相信，此举的操作性是无庸置疑的。

二〇一〇年十月

几万亿外汇储备是什么

几万亿外汇储备是什么?

乍一看,这个提问十分天真,属于小学生层次的问题。仔细想下去,却知道水很深,大有品味的必要。思考本问题,实际上涉及人民币过量发放的原因。中国与美国,货币增长过快的背景不同。美国人是设计了自私而危害全球经济的定量宽松政策;中国方面,很重要的因素则是外汇储备的实现机制,主要的后果是对本国形成通货膨胀的压力。

多数人按照常识判断,外汇储备当然属于财富,是中国人辛苦劳作创造的财富。一些经济学家也如此认为。其中还有比较极端的见解,认为那么庞大的外汇储备,应该分给全国的百姓,以促进国内的消费。北京大学的著名学者张维迎先生就这么建议。

有的经济学家则反对把外汇储备看作国民创造的财富

的见解。他们同意中国央行官员的观点。有央行官员认为，巨大的外汇储备，实际上是他们的资产负债，是他们资产平衡表上的数字。按照我国外汇管理的现行规定，所有商业贸易获得的外汇通过央行用人民币结算，因此，央行是用巨额增发的人民币换取了庞大的外汇，需要准备哪一天被换回去。

几万亿的外汇，竟然可能只是一些数字。普通人听了觉得匪夷所思。不过，央行官员的观点又很难驳斥。实际的情况好像正如央行官员阐释的那样，它必须用六七万亿人民币才能换得一万亿的美元，因此，几万亿的外汇储备，当然是用二三十万亿的人民币换来的，在他们的资产表上肯定是这样表述的，并且无法更改。

面对这样的争执，普通百姓听罢依然一头雾水。央行官员的观点言之凿凿，你没法反对；但是，那么庞大的外汇，却是一种负债，终究想不大通。

用现在时髦的用语，这件事情有点"纠结"，似乎争不清楚。

我们不妨这样设想，假如中国没有强制的外汇结算制度，是什么情况？

在那样的规则下,企业出口贸易,将直接拿到美元。企业用贸易换得的外汇支付成本,包括人工成本,剩下的是企业的利润。它和银行的关系,只是把多余的钱存入取出的关系。

在目前外汇管制的情况下,出口贸易企业得到的是人民币,出口一万亿美元得到六七万亿人民币,企业用人民币支付各种成本,剩下的是利润。从企业的角度观察,没有什么损失,但是,央行却分明得到了一万亿美元的硬通货。理智地分析,在现在的制度下,不可能有人来把外汇"换回去",即使将来进入自由兑换人民币的年代,全部和多数"换回去"的可能性也很小。央行的巨额外汇储备好像变成不必偿还的"负债"。这个戏法究竟是如何变出来的?

我们需要借用央行行长周小川先生的"池子论"来说明问题。在人民币处于还不能自由兑换的情况下,使用人民币的中国大陆就是一个庞大的"货币池",十几亿人口,数以千万计的企业,使这个"池"足够大,足够深。结算外汇增加出来的大量的人民币,投入这个"大池",不能说没有声响,不能说没有风险,但它大体可以消化。央行当然也采取了许多对冲的措施,例如不断提高准备金率,就是几千亿几千亿地往回收。不过,这终究是临时措施,因为提高准备金率,仅仅是暂时冻结一部分钱,并非真正把增发的货币消解掉。所以,关键的因素,还是庞大的"货币池"在逐步自我消化。只要"池"不出毛病,央行的外汇"负债"就可以高枕无忧,就能够长期地用一张资产平衡表来解释问题。

要害是"池子"不能出纰漏。所谓大纰漏,就是恶性的通货膨胀。恶性通货膨胀,将导致"池子"自身没法消解,只能泄洪。那便是涉及人民币信用的根本问题,是国家经济安全的根本问题。

事情讨论到这一步,我们的思路开始清晰。庞大的外汇储备,从它是巨额人民币兑换而来这个角度讲,不能直接算国民财富的积累,仅仅是代表了增发的人民币的对应;但是,增发的人民币,进入社会之后,被社会经济所慢慢消解,外汇储备成为似乎不必归还的"债务",逐步转变为事实上的国民财富。当然,从上面的论述可以获知,这笔财富的形成,是以国内可能发生通货膨胀风险为代价的。

因此,我们无法赞同张维迎先生的观点。按照他的意见,把外汇储备分给民众,事实上变成再次增发货币,把通货膨胀的风险大大提高。

同时,我们也不能赞同把庞大的外汇储备随意进行境内外金融资产投资的做法。从表面上看,进行金融运作,请高手操盘,可以增值,避免外汇储备的缩水。但是,在金融业,几乎没有长期不失手的"高手"。我们凭常识知道,任何金融资产,中国的或世界的,难免产生泡沫,泡沫的破灭,又经常是与恶性通货膨胀相联系的。既然我们的巨额外汇储备是以巨额货币增发为基础的,巨额货币增发最大的风险是恶性通货膨胀,所以,外汇储备的使用首先的目标是防范通货膨胀。这应该是符合逻辑的思考。

最理想的对抗通货膨胀的储备,应该是地球上有限的资源,人类生存永远需要的大宗资源,如石油、铁矿石、有色金属等等。当巨量的外汇储备转换为巨量的资源储备,原先与增发的人民币对应的美元变为宝贵的自然资源,我国发生通货膨胀的风险将大大降低。

据说,反对把外汇储备转换为资源储备的理由,主要是认为我们的外汇数量太大,买什么就导致价格的疯涨。这理由显然无法成立。如果是短期内集中买,当然会产生这样的情况。我们有的是时间啊,可以慢慢买啊。比方说,金融危机至今,有过多少次资源价格大跌,如果不是盯住美元资产,坚持有人做资源储备这事,我们得到的东西已经很丰厚了!往后的机会依然很多,我们可以从容地长期地做。

关键是确定战略!

二〇一一年八月

政府债务违约的制裁

最近,世界上最热门的话题,就是债务违约了。连经济巨人美国,因为国会两党的争斗,也出现过讨论是否可以债务违约的闹剧。特别令人忧虑的是欧元区。有几个现今债台高筑的国家,若干年前,我有幸访问过。绝对不是穷得没饭吃的地方,山清水秀,资源丰富,人们生活悠然自得。但是,他们的债务,不但把欧元区折腾得摇摇欲坠,连带全世界的经济也可能再次出现重大风险。这个道理很简单。现代金融,把世界的银行业互相捆绑起来,一个地方的巨额债务违约,债务链条立刻铮铮作响,就把远在地球各处的诸位连带拖入泥沼。

于是,我们不得不考虑一个问题:政府(代表国家)的债务违约,除了国际救援(实质是分担债务),就没有其他办法了吗?如果违约者不承担主要的风险,不受到必要的制裁，那么，是否可能有更多的后来者效仿？我们千万不要高估各种政府的道德责任。政府与个体，在强大的利益的压迫下，行为是会异化的。我们已经看到的情形是：某些国家的债务违约已经迫在眉睫，政府实质上处于破产的边缘，但是，政府想要适当削减福利，请注意，不是削减让穷人有最低生活保障的福利，而是削减远高于世界多数地方水准的高福利，也立刻引发公民的强烈反对，以至出现罢工和示威抗议，使政府削减支出的决策举步维艰。

我们知道，在市场经济的条件下，个人的债务违约，其成本是很高的。首先，你的债务的抵押品，比如房屋等不动产，将被强制用于还债；其次，你的信誉出现污点，将进入黑名单，你今后难以获得贷款，难以做生意，甚至难以获得工作岗位；最后，有的地方还会对你的所有消费进行限制，不得有超过生活必需的支出等等。这些灾难性的后果，使法制比较规范的国家的公民，不敢轻易地实施债务违约，不敢随便地宣布破产。这样的社会公约，甚至远在市场经济发展起来之前，已经广泛存在。中国古人就说："欠债要还，天经地义。"如果像个别强大的经济体，明明有巨大的资产和实力，还动不动就用债务违约来威胁债主,想以各种手段赖掉部分债务,这个世界就难以太平,世界经济的稳步发展,就经常被莫名其妙的阴影笼罩着。

因此,认真地考虑对政府(国家)债务违约的制裁措施,是符合全球利益的,是规范世界经济运行的必要手段,也是人类能够长远安稳地生存的需要。它可以强制地引导所有的经济体认真考虑借债与还债的成本,使世界范围内重大的债务违约事件尽量减少。

政府是代表国家利益的责任者,它的债务,实际是国家的债务。当个人的债务违约时,他以及他的家庭的财产受到强制偿还的压力。同样,政府的债务,在不能如期归还债主时,它所代表的国家的资产是应该成为赔偿的抵押物的,比如说,它的外汇与黄金的储备等等。进一步分析,有的国家的外汇黄金储备很少,不足以偿还债务,这时,就轮到它所具有的各种资源了,这正像个人的房屋、股票等,均可成为赔偿的标的。

有一些国家具备丰富的自然资源,如矿藏、石油等,用以赔偿债主的利益相对方便;也有一些国家的自然资源不很厚实,但是,它肯定具有其他资源,比如土地、森林、岛屿等等。任何一个国家均不会愿意出让这些祖宗留下的财富，考虑到子孙后代的生生不绝，更加难以割舍安身立命的基础。这样，就迫使它的领导人和国民在节衣缩食与转让资源两者间进行选择，像最近发生的既欠下高额债务又不愿削减福利的状况就难以发生。其次，即使万般无奈，惟有资源是偿还债务的手段，在涉及土地之类的根本性资产时，也可以有技术性的安排，即进行一段时间的租让交易，让政府喘口气，渡过最艰难的时刻，以后再予以收回。

说到底，这种制裁措施的安排，目的是为了警示债务人，借债不要太随意，还债必须尽全力。这种压力，既是给政府的，也是给全体国民的。国民会更加关心政府的债务情况，因为谁也不愿意丧失世代生存的基础。世界范围内的债务认识将趋于良性，而不是欠债越多、赖债越多者得利。

上述设想，可能被笑话为书生空想。一个国家内部的债务问题，由国家的法律和法制机构管辖，赖债者将受到严厉的惩罚。国际间的债务，似乎难以强制执行。我当然明白两种债务的区别，两种惩罚执行的难易之差。但是，这不是无所作为、听之任之的理由。

世界上已经有不少解决国际争端的机构和组织。这些组织，原来的注意力，是放在政治、军事、贸易等方面的争端上。也有几个与金融相关的权威机构，比如世界银行、国际货币基金组织等，但它们主要关心自己与某些受援国的关系，或者向各国政府提供经济信息与咨询，似乎没有强制处理国际间债务纠纷的职能。但是，国际关系上，已经有很多通过签署共同条约实现目标的先例，比如国际知识产权方面的管理事务，就是如此解决的。因此，我们完全有理由相信，各国可以签订债务清偿公约，来全面约束大家的行为。如果哪个国家不愿意成为债务清偿的签约国，那么，其他国家在向它放债之前，应该仔细盘算，应该特别小心了。

二〇一一年九月

熵——观察中国经济的特殊视角

熵,本来是物理学的概念。它描述了热量转化的效率。根据能量守恒定律,某物质做功的过程中,总能量不变,但是,有一部分能量"无效"地沉淀下来,比方说,煤燃烧中产生的二氧化碳。

这个概念,后来被引用到信息学、社会学等各个领域。现在,我们试图从这个特殊的角度,分析中国经济三十多年来的高速增长,竟然产生非常丰富的联想。

三次巨大的能量释放与转化

中国摆脱计划经济的束缚,走向市场经济的突破口,应该是农村的"包产到户"。农村生产力的大释放导致城市饭桌的丰富,是最好的示范。中国人不得不思考,到底是什么魔力，让向来短缺的农产品突然多起来？

答案很简洁：当劳动者获得的报酬与他付出的辛勤直接挂钩时，他的积极性自然高涨。这符合"存在决定意识"的唯物主义常识。于是，相同的问题——城市工业与商业的生产力如何解放，清楚地摆到了我们的面前。情况比农村复杂一些，但是，思路是一致的，就是尽可能地使生产者的责任与利益的关系密切些。最初，是实行奖金激励，使多劳多得的概念物化起来；之后，改革逐步深化，计件考核、承包经营、厂长负责制等国企改革办法一一试行。在上世纪八十年代，中国经济开始好转、酝酿起飞时，这些破冰之举意义重大。概括地说，这是一次人的能量的大释放。中国亿万劳动者长期被压抑的生产积极性喷薄而出，转化成为经济增长的强大动能。

进入上世纪九十年代，特别是小平同志南巡讲话之后，中国社会主义市场经济的框架渐渐形成，中国社会第二次巨大的能量释放已是顺理成章。这一次，主要是资本力量——包括国家资本与社会资本力量的大释放。其主要的手段，既有国际通行的利用股票等市场对社会资源进行有效开发，也有中国计划经济转轨时的特殊途径，即充分吸收民间资本参与国企和集体企业的转制,加上大胆地引进各种国际资本投入中国的发展,中国的经济奇迹,在这一个时期已开始为世界所瞩目。

现在,我们不能不谈到第三次巨大的能量释放与转化。它的时间跨度,大概是从上世纪九十年代中后期一直延续到本世纪的前十年。在沿海发达地区,比如上海,它起步早些;内陆地区感受到它的力量,则显然滞后。这一次,是在计划经济体制中沉淀下来的土地及其之上的建筑等的价值发现与开发动员。其主要形式,包括土地批租、老厂旧区改造、住房制度改革和大规模基本建设形成的机会等等。这一巨大变化,后来确实产生若干副作用,我们在下面的章节中会进行讨论。但是,你无法否认,这是造就中国经济、财富爆发性增长的重要机遇。像上海这样庞大而历史包袱沉重的城市,能够获得脱胎换骨般的大发展,确实得益于这一进程。

熵的观念:正视沉淀下来的能量

现在,我们开始进入"熵"的观察视角。

按照"熵"的理论，物质做功的过程，无论你用何种技术，总是会有一部分能量作为无效的能量沉淀下来，技术的先进与落后，仅仅是决定沉淀能量的多与少，而不是决定有与无。在实际体验中，我们发现，所谓沉淀下来的能量，常常是让人类社会头疼的东西，比如石油、原煤燃烧后对大气的污染。因此，人类需要努力的，首先是完善技术，让沉淀能量尽可能少些，上述能源，就应该让它充分地燃烧；其次，是对沉淀的能量，特别是对人类有害的物质进行适当的处理。

在中国经济高速增长的三次能量大释放大转化中，是否也沉淀了一些让我们头疼的东西呢？答案是肯定的，也是我们现在强调科学发展观和文化建设的重要原因。

第一次人的能量的大释放，给社会留下的问题，主要是价值观念的冲击——原有的社会观念被渐渐打破，而新的共识远未形成。

第二次资本力量的大释放，积淀的危险，是由于贫富差距的急速扩展，扩大了前面的负面问题，并且使"诚信"、"善良"这些传统的社会道德明显滑坡。

第三次土地房屋等能量的大释放，除了强化前面已经产生的问题,并且引发社会经济过热的危险,鼓起了房地产业的泡沫等,至今还让各级政府头疼不已。

按照"熵"的看法,问题是不可避免的,但是,好的技术可以降低不必要的沉淀物。那么,首先是我们在技术操作上有没有值得重视的教训可以汲取?想清楚了,对今后稳健的发展有利。其次,既然在正视问题的基础上人类可以想出处理二氧化碳之类的办法,我们也一定能够有解决或者弱化上述种种社会"沉淀"毛病的途径。信心非常重要,充满信心的具体操作更加重要。

本文是时评,决定了其短小的形式。在文章结束之前,只能简约地再做一点引申。我们所讨论的三次能量的大释放,均具有显著的"中国特色"。仔细一想,其他国家很难效仿。比方说,发达国家,他们发展的时间很长了,没有那么多可能"释放"的潜在的能量;至于发展中国家,由于国家制度、发展历程的不同,也很难借鉴我们的经验,这正是世界惊呼"中国奇迹"的原因。因此,我们从这个视角出发思考中国今后的发展道路时,似乎还是应该坚持立足"中国特色"的角度,看看什么是我们社会还没有释放出来的特殊的能量,什么样的奇妙武器是只有我们才具备的。

这样的思考充满前瞻性的挑战。

二〇一二年二月

美元的特殊地位能维持多久

美元的特殊地位,属于美国的核心利益,是我们不得不认真研究的课题;同时,这也是考虑世界经济发展,包括中国经济走向的绕不过去的坎。

美元特殊地位之祸

关于美元的特殊地位,现在能够看清楚的人是越来越多了。四十年前,美国政府违背布雷顿国际条约,宣布美元与黄金脱钩,但是,美元作为全球储备货币和贸易结算货币的地位,得以继续保留,利益与责任严重不对称的情形就开始了。美国享有世界央行的权力,却不承担世界央行的责任。发行多少美元,美国考虑的是它本身的需要与利益,但是,却要由全球来承受通货膨胀等重负。它可以发明诸如"定量宽松"等名词作为滥发货币的理由,而并不忌讳给世界经济造成怎样的麻烦。

问题的严重程度,我们看一下美国的债务情况,可以略知一二。最近,美国国会参议院批准提高联邦政府债务上限一点二万亿,达到十六点四万亿,开始接近美国年度GDP的总值。在别的国家,比如在欧洲,这预示着国家破产的临近。但是,美国人不怕。人家还债,需要真金白银,美国只要多印点绿纸头就可以了。美国的债务总量似乎远不止这个数。加上各地方政府的债务,可能超过三十万亿。再考虑政府对社保福利之类的欠账,有分析认为,要达到六十万亿。一位前白宫经济顾问的计算更加惊人,他认为美国的债务总量是二百十一万亿。

美元到底发行到什么程度,美国债务的严峻性,估计只有美国少数决策者真正明白。有学者把美国的做法,称之为货币资本主义。我对名称不感兴趣,我想指出问题的实质,就是美国以美元的滥发,大量侵占了世界的财富。在本次金融危机爆发之初,我在时评中已经写过,所谓危机,实际上是在美元不负责任发行的前提下,由华尔街用金融创新的名堂放大后带给世界的灾难。

美元肆无忌惮地发行的状况,要持续到何年何月?

谁能抗衡美元霸权

确实有不少人认为,美元的霸权是难以撼动的。

这样的认识好像有充分的理由。美国是世界头号经济、军事强国,它绝对不会容忍自己的核心利益受到挑战。近几年,美国在中东的军事行动不断,其显性的原因,是为了控制全球的能源供应;此外,也隐藏着维护美元特殊地位的目的。美元是世界大宗商品的结算货币,只要这个地位不动摇,世界各国将不得不储备大量美元,美元就难以崩溃;而石油是最重要的大宗商品,控制了石油的交易和结算,美元的地位自然继续稳固。

欧元的诞生,曾经让人看见抗衡美元霸权的曙光。可惜,欧元区的问题渐渐暴露,且越来越大。欧债危机似乎成为眼前最大的麻烦,分散了人们对于美元危机的注意力。顺便说一句,我觉得不必过分看重欧债危机,更无需深度介入欧债危机。欧债,实质上是欧元区富裕的法国、德国与不太富裕的其他国家之间的麻烦,是他们间的利益平衡问题。在我看来，他们有足够的能力来解决麻烦。近期去过欧洲考察的人士，也没有感受到多少真正的危机感觉，欧洲诸国的日子，显然比发展中国家好过得多。我不相信所谓的欧元区会散伙的危言耸听。经历千辛万苦建立的欧元区，不仅仅是欧洲人的经济选择，也是他们对于未来的政治选择，欧洲的政治家和民众不会轻易后退。当然，期望欧元很快强大到能够抗衡美元，那也是天真的想法。

日元的情况如何呢？由于一二十年来日本的经济没有多少起色，这个曾经爆发过的经济强人"瘟"了，日元也就丧失了上世纪七八十年代咄咄逼人的气势。

于是，世界上有学者开始讨论人民币的趋势，讨论人民币逐渐国际化之后是否可能慢慢取代美元，成为新的世界货币。我个人认为，对这样的讨论，无论研究者本意如何，我们一定要保持冷静与清醒。首先，我们刚刚发展起来，自己的问题很多，我们难以承担过重的责任；其次，因为美元的特殊地位属于美国的核心利益，对于任何可能挑战美元地位的力量，美国人绝对不会轻易容忍。他们曾经坚决打压日元与欧元的做法，全世界均是记忆犹新的。

美元霸权的消解

行文至此，我提出的好像是十分无奈的命题：美元特殊地位有害，而美元的霸权趋势无法改变。

不！这不是我的本意。我相信，凡是过分荒谬的事情，早晚会被纠正，美国与美元再强大，也逃不脱这个历史法则。美元滥发，美国债务堆积，美元信用丧失，而美元却依然作为世界经济的硬通货，这种荒唐的现象，是难以永远持续的。

当然，美国政府自己收紧货币政策，逐步消除庞大的债务，是挽救美元的唯一道路。可惜，我们看不见这种趋势。美国共和、民主两党的预算之争，吵得热火朝天，但是，其最明智的方案，也仅仅是大幅度减少预算赤字，达到当年收支的基本平衡。美国庞大的债务问题，他们没有解决的方案——也许，他们根本就无意去解决。

有学者认为，作为世界第一军事强国，美国最后可能用战争来处理自身的经济困境。实际上，美国一直在进行局部的战争行动。从表面现象看，战争为美国的霸权撑腰，也为美元的地位撑腰。然而,打仗是要花钱的,军火商会因为战争发财,国库则因为战争而掏空。美国目前的巨额债务,相当数量是战争的遗产。当然,作为经济方面的短文,我们没有兴趣讨论超越局部战争的大规模战争的后果。包括美国人在内,世界上所有思维正常的人,均不希望看见那样的灾难出现。

那么,不正常的美元地位,如何可能纠正呢?实际上,从本次经济危机起来后,种种反对美元特殊地位的声音日益响亮。回归金本位、建立新的世界贸易结算体系之类的呼声,即使受到强力压制,仍然不绝于耳。我也曾经在"文汇时评"上提出过设计立足黄金比价的贸易结算货币的建议。国际间,实际的行动已经迈出步伐。包括中国在内的许多国家,实践了绕开美元、直接用本币进行贸易结算的尝试。这些,正是消解美元霸权的实验。如果世界渐渐地不再依赖美元运转,各国将不会被迫地持有大量美元,美元的价值,才会回归理性的位置。

积沙成山,水滴石穿。巨大的变化,来自持之以恒的努力。

二〇一二年二月

巨额外汇占款与通胀压力

目前的舆论,把前几年应对金融危机出台的四万亿刺激计划,作为近年中国通货膨胀的重要原因。我并不反对这种分析的合理性。但是,我觉得一个更重要的原因也许被忽视了,那就是数量上庞大得多的巨额外汇占款。

我在"文汇时评"上写过一篇《几万亿外汇储备是什么》的文章,说明我对于外汇储备本原的认识。在中国的外汇管理制度下,贸易顺差等方面获得的大量外汇,由中国央行多发行等值的人民币予以结算并储备。因此,巨大的外汇储备,是以大量超额发行人民币的代价实现的。

现在,我们进一步分析,这种状况是如何引发通货膨胀的。

为了说清楚问题,我们先把美元的情况作为对照进行讨论。美元的无节制的发行,对本国的通货膨胀的影响似乎不显著。二十多年前,我第一次去美国,吃一碗面的价格,好像是五美元,现在,贵不了多少,翻个倍而已,而上海面店的价格,大概涨了十倍以上。为什么美元发那么多,它本国的物价变动不明显呢?因为它多发行的美元,往往变成美国国债,多数到了世界各国手中,被别人储备起来,同时也推高了世界大宗资源的价格,在全球范围内得以消化,而本国受到的冲击却不大。因为美国本身就拥有大量的资源,比如石油,它还在世界各地收购了许多资源,对它而言,价格的升降,得失大抵对冲。

中国的情况正好相反。我们大量依赖进口资源,这是显而易见的软肋,世界大宗资源价格上涨,对我们就是输入性的通货膨胀。更重要的问题,在于我们的外汇管理的特殊性。我们的贸易顺差,是无数商品出口后形成的。生产这些商品的中国企业,它的直接成本、间接成本以及利润,靠从央行结算后获得的人民币实现。因此,毛病就出现了。商品是出口到了世界市场,代表出口商品价值的货币由中国央行发行,中国央行用多发的人民币结算获得的外汇,又被储备起来。因此,这部分超发的货币形成的购买力,在中国市场没有对应的产出物,等于是凭空增加了整个市场的购买力，而且它的数量又特别庞大，最简单的计算，累积也达到二十万亿之上。因此，我认为是造成国内通货膨胀的重要原因。

中国央行当然意识到货币的超量发行对于通货膨胀的危险，它采取各种办法，从货币市场回收流动性。其中，最引人注意的手段是最近几年连续提升银行存款的准备金率。每提升零点五个百分点，就限制了数千亿人民币的流动性，十几次降准的动作，对回收流动性的作用非常突出，对通货膨胀的压制有显著的效果。

有人说，这种办法属于头疼治脚。流动性泛滥的重要原因，是贸易顺差导致的外汇占款的膨胀，现在却用冻结部分银行存款的方法治理，显然没有对症下药。我仔细想了想，觉得头疼治脚的比喻不够准确，比较好的说法，应该是脚疼而用了全身麻醉。外汇占款导致的流动性泛滥，是局部的毛病，好比是脚疼；银行存款准备金率的下降，则是对整个经济运行下药，属于全身麻醉。脚的疼痛是消失了，但是，对身体各方面造成的消极影响却不容忽视。现在，我们至少已经看到了部分后果，企业运行资金紧张，小企业贷款非常困难,有的地方,资金链断裂,形成了系列的后果。因此,中国央行不得不开始适当放松,银行存款准备金率不再走下降通道,而开始有提升的趋势。

问题还是没有解决。中国的贸易顺差,比起前些年,是在下降,但是,在相当长的时期内,顺差还是基本状况。中国的外汇管理制度,目前也难有根本性的变化。由此来看,外汇占款的增长,没有办法扭转,对国内通货膨胀的压力依然是高悬的剑。

我们似乎应该从对症下药的思路方面寻找化解困境的办法。

外汇占款所超量发行的人民币,本来有它的对应物,那就是外汇储备。如果这个储备能够全部或者部分地实现人民币的购买力,通货膨胀的危险就可以明显地降低。简而言之,我们要为多发的货币找到消费的方向。最简捷的办法,当然是用外汇储备大量购买中国经济所必需的资源性商品,石油、矿产等等,也不排除购买居民的生活消费品。这样,外汇储备演变为对应企业与个人消费的东西,超量发行的货币,对市场价格的冲击就明显减少了。

我们目前的做法与此很不一样。我们大量购买外债，特别是购买美国的国债。据说，原因是为了保值和保持流动性。我们不想详细讨论这方面的得失。但是，从通货膨胀的角度思考，购买美国国债，是降低美元的流动性，帮助美国控制通货膨胀，而增加了我们自己通货膨胀的危险。我们是否太大方了一些？

外汇管理部门的领导曾经多次解释，中国外汇储备的数量十分庞大，购买海外国债，特别是美国国债，是不得已的办法，没有其他更好的选择。

假设上述说法是合理的，我们依然可以提出新的供比较的建议，其依据是美国人解决自身问题的方案。

既然美国是靠向全球发行大量的国债来回收货币超量的流动性，我们为什么不能仿效呢？建议的具体做法是，以央行结算外汇形成的巨额储备做对手盘，向境内境外发行大量的人民币国债，以回收多余的流动性；同时，在央行内部进行必要的财务处理，即将回收的人民币冲销因为结算外汇超发的货币，实际上把以人民币名义发行的国债在内部转换为以外汇计量的国债；至于发行国债必须支付的利息，则由央行掌握的外汇向外投资（包括购买海外国债）

获得的收益对冲。这样做的好处,是减少了现行外汇结算制度造成的人民币超量发行的压力,降低通货膨胀的风险,同时也避免了过度提高存款准备金率等做法的副作用。

二〇一二年五月

A股的先天性缺憾与矫正

几年前,股权分置制度改革开始的时候,股民被告知,这项改革的目标是解决同股不同权的矛盾。

现在,股权分置制度改革基本实现,只剩一条小小的尾巴。但是,我们发现,所谓同股不同权的弊病,改变似不明显。否则,就不需要政府监管部门强硬地要求上市公司必须认真考虑分红问题。如果大小股东的利益基本一致,分红回报是皆大欢喜之事,何必辛苦监管部门大声疾呼呢?

本文主要讨论A股市场。因为A股中的多数是国企改制而来,有一些相似的问题。我们提出的命题是,A股到底存在什么先天性的缺憾?

世界上绝大多数地方的上市公司,股东的利益是基本一致的。这种一致性的基础,是大家拥有实在的股份。公司的决策者，包括董事会成员和经营者，像其他股东一样，一般是股票的所有者。当然，也有职业经理人可能并不拥有股份，但是，他们必须服从拥有股份的董事会的决策。同时，为了保证职业经理人的忠诚，董事会往往会采取以送股代替奖励的办法，来与职业经理人签订雇佣合同。在这样的框架下，股东之间的区别，仅仅在于拥有股份的多少，股份多些，分红回报就多些，其利益的趋向是相同的。

A股市场的情况不太一样。经过股权分置制度改革，从表象观察，全流通以后，大小股东的利益一致起来，但是，实质问题并不那么简单。在上市公司的董事会中，决定大政方针的大股东，往往是国有资产的代表，他们考虑问题的基本立场，是保证国有资产的增值保值，这无疑是正确的。因此，他们常常倾向于不分红或者少分红，也是有道理的，以便把资金更多地用于再生产，从长远看，也确实有利于全体股东的利益。但是，对于多数小股东，他们会注重公司每年的回报。有位经济学家说过一句名言：从长远看，我们全死了！

还有一个更加实在的问题，是出现在经营团队层面的。经营团队的成员，许多不是股东，有的虽然拥有股份，数量未必多。他们对董事会负责，接受董事会年度目标的考核；而董事会制定的年度目标，很少包含分红之类的内容。所以，经营团队考虑问题的要点（撇开道德考虑的因素），是实现当年的经营业绩，同时获取个人利益。只要当年的业绩有相对高的增长，他们的报酬就比较丰厚。至于股东分红等利益，口头上是必须说的，实际上会列为较后考虑的选项。举一个大家看得到的情况为例：一些商业上市公司，宁可把钱不断地砸在门面装修方面，求个富丽堂皇的表象，而不愿意给股东多一点分红，大体也是经营者往往自己不持有股份的原因。

这是A股市场中由国企改制而来的公司重要的先天性缺陷，也是社会批评上市公司分红少而高价发行、高价增发多的基本原因。

有人危言耸听地说，A股市场问题太多，要推倒重来。问题多多，确实如此；推倒重来，则会更严重地伤害股市众多参与者的利益。比较可行的办法，应该是针对毛病，积极寻找矫正的办法。

按照对症下药的思路，必须让上市公司的一线决策者们持有相当数量的股份，这样，他们思考问题的角度才会比较接近一般股民的利益。

可供选择的办法并不复杂,参照国外对职业经理人奖励红股的办法,我们应该出台强制性的规定,上市公司董事会的成员以及主要经营者,凡是在企业获取报酬的,其报酬的主要形式,应该是得到股份。他们可以按月获得生活必需的现金酬劳,但是,年度的高额的奖励,应该由股份来体现。比如前两年引人注目的某保险公司老总的高达几千万的奖励,就应该折算成该公司的股份。他们获得的股份,当然需要设立禁售期,即使在他们离职之后,也不能立刻兑现。我们看见,已经出现一些经营者为了急于兑现而退出上市公司的实例,所以禁售的期限要延伸到他们离开上市公司的若干年份之后,以让公众相信上市公司的高管对企业忠诚是有制度保证的。

现在,我们需要考虑上市公司高管们获得红股的价格问题。

如果计算红股股价的办法过于简单,比如选择高管们获得年度奖励的月份的即时股价,可能出现道德性的弊病。在计算股价的时间段,可以用人为的办法压低股价,使高管们从中受益。这样的情况，在道德水准较高的公司未必出现，但是，你不能保证所有公司的高管均是谦谦君子。

比较合理的办法，是以上市公司最近向市场发行或者增发的股票的价格作为计算的基础。也就是说，你要公众购买股票的价格也是你获得股票的价格，这应该是很合理的。假如该公司已经多年没有新发、增发的行为，那么，若干年前的股票价格还要加上适当的银行息率。公司是你们经营的，如果你们经营多年，连银行的利息也挣不到，只好承认你们自己无能。股民倒霉，你们也得陪着。相反，假如股票的价格已经大幅度上升，经营者功劳很大，股民得利了，公司的高管们以适当的较低的价格获得红股，我想，各股东也基本可以接受，因为大家的利益是趋于一致的。

这项改革，恐怕不是证券监管部门一家可以完成的，事情涉及国资管理部门、财税管理部门等等方面。但是，如果我们大家正视了A股市场先天性缺陷的严重性，意识到，不做一些根本性的补救，难以让上亿股票投资者心悦诚服，难以使承载着巨大的国民财富的股票市场长期良性运转，我们就能取得共识，考虑坚决的改革措施。

二〇一二年三月

国企改革方向辩

最近,对国企,特别是对处于垄断地位的央企的批评多起来。批评的矛头,已经不仅仅局限于微观的技术层面,而是直指制度的设计,即有那么庞大的国有企业,对中国的市场经济的发展,利多乎?弊多乎?

争辩的要点

经济学家张维迎的观点非常简明,他认为,庞大的国有企业,是中国进一步发展的障碍。他主张激进的私有化,把国企的股份直接分给百姓。张先生的观点,很容易让人联想到俄罗斯在上世纪末的"冷冻疗法",想起俄罗斯的经济与社会被严重破坏的种种情形。因此,另一位经济学家华生很快发言,他指出,把国有企业分掉的结果,按照前苏联的案例，是方便了国企的高管和权贵利益集团来吞食国有资产，造成难以挽回的局面。华生先生警告，某些中小企业改制过程中出现的问题，有可能再次上演。

几乎在他们争辩的同时，我们听到了吴敬琏老先生在岭南论坛上的演讲。广受尊敬的老先生的主要意思，是强调一九九二年中国对经济改革的"顶层设计"，即充分发挥市场（而不是政府）对资源的配置力量。吴先生历来的倾向很清楚，他强调民营经济发展的重要性，反对政府直接掌控的资源越来越庞大。

国资系统的人士的声音同样非常强烈。他们认为，要把国有企业私有化是违反宪法的，并且认为所谓的"国进民退"是不存在的伪命题，主张就此公开辩论。

非常活跃的叶檀女士也没有放过这场争论，她写出一篇关于国企改革方向的长文。我认真地读了几遍，结果似懂非懂。叶女士主张国企改革要走与张维迎以及华生想法不同的"第三条道路"，但是，她的文章似乎没有指明所谓的"第三条道路"的含义。她的文章依然主张国企的"私有化"，在基本方向上与张维迎的目标一致，仅仅是在私有化的技术设计上做了一些补充。她提出要有"社会信托"

的设计和"法律制约"的设计,尽量不让某些人企图吞食国有资产的阴谋得逞。

有没有第三条道路

在基本保持现有的国有资产的制度设计与将国有企业私有化之间,到底是不是存在第三条道路?

首先,我们需要分析中国国有企业存在的利与弊。

在我看来,中国国有企业发展的最重要的意义,是用这个独特的方式完成了资本的巨大积累。几十万亿几百万亿国有资本的存在,是中华民族摆脱贫穷落后的柱石,是中国在高速发展了二三十年之后能够继续稳步前进的基础力量。不看见这个积极的方面,简单地强调国有企业的种种毛病,希望国有企业消失得越快越早越好,以净化所谓的市场环境,是生硬地用西方市场经济的教科书来套中国的现实。

同时,我们对于庞大的国有企业存在的弊端,也应该有足够的认识。对于这些弊端,社会大体是有共识的。比如说,容易滋生腐败现象,包括企业高管的腐败与政府工作人员的腐败；容易造成市场竞争的不公平，政府常常偏袒国有企业；以及容易造成巨大的资源浪费和效率不高等等。上述种种，有大量实证，不需要一一详说。假如不肯正视这些问题，一味强调国有资产制度设计的优越性，显然也不是客观的态度。

冷静地分析一下，国有企业的毛病，主要集中于一个方面，就是与政府的关系过于密切。腐败也罢，浪费也罢，效率低也罢，多病同源，根子是由于血脉相连，政府的监管偏软。国资委是政府的部门，国企的高管是领导部门任命的，国企的投资决策要报政府部门审批。政府对国企的监管，实际上是自己监管自己。铁道部高层暴露出来的情况，是最典型的案例。

我们既看清楚了国有企业存在的大量问题，又不赞同会造成巨大社会动荡的所谓私有化方案，那么，究竟能否设计出明晰的"第三条道路"呢？在"国有"与"私有"之间，另一种可能是什么呢？

我的回答是，走"民有"的道路，也就是"全民所有"的道路。

所谓"全民所有"，需要有更好的实现形式，就是把国资委代表国家控股,改造为"社保"代表全民控股。"社保",直接代表亿万百姓的利益,它掌控国有资产,可以名副其实地成为"民有"。"社保"不是政府的部门,至少在利益的代表上,它比国资委更接近百姓。如果"社保"成为国企的大股东,适当拉开了国企与政府的距离,政府对它的监管,就能够硬朗起来。

国企划归"社保"的多种好处

现行的国有企业制度设计,是有法律框架做依据的,要改变它,谈何容易。我仅仅是提出一种选择的可能。为此,简略说明重新设计的好处。

首先是合理性。现在的庞大的国有资产,是全国人民几十年艰苦奋斗积累起来的。相当长的时期内,低收入的分配原则,是资产积累的重要保证。当大批人员进入退休的行列,而"社保"的资源明显不足时,把庞大的国有资产划归"社保"(而不仅仅是变现一小块进入"社保"),理由是充分的。

其二,"社保"持有国有资产,制度设计应该是作为大股东享有分配权,而不是随意抛售股份,每年通过分红来补充"社保"的不足,这样,对企业经营的顺畅和股市的稳定均有明显的好处,不至于出现私有化带来的种种震荡和弊端。

其三,"社保"在董事会中代表资产所有者(全民)说话,政府在市场上监督企业,制度的设计更加科学理性,目前一些明显的弊病得以治理。

最后,非常重要的一点,社会主义的基本的优越性被高扬,社会和谐的理想局面更容易实现。

也许,有人说,这是书生之见。他们会提出各种质疑:诸如"社保"与政府的关系、国企的高管由谁任命等等。我想,只要确定了方向,技术上的细节,总是有办法解决的。

二〇一二年四月

人民币外债与人民币国际化

近半个世纪之前,我们曾经骄傲地宣布,中国成为既无内债又无外债的国家。现在,我们终于明白了,把债务简单视为包袱,是计划经济的思维。搞市场经济,适度的债务,是必不可少的。我们国家对内发行债券,已经是央行管理金融的常态。我们国家的各种债券,早就为百姓熟悉,并且是民众理财的重要方向之一。

但是,人民币在国际上发行的债券还比较稀少。我们不断听见外汇储备的增加,听到买了多少美债、欧债以及日债等等,却很少听说人家买了我们多少债券。这到底是让我们骄傲的事情,还是值得我们忧虑的状况?今年四月,我们终于看见,伦敦市场发行了一只小型的人民币债券。也许,这是投石问路。

本文试图从别国货币国际化的经验,以及我国的金融安全、国家安全的层面讨论此问题。

马歇尔计划与美元的国际化

第二次世界大战结束后,美国推出了以当时的国务卿命名的"马歇尔计划"。对这个著名的计划,你可以从各种方面予以批评,诸如美国为了扩张在欧洲的势力范围,为了博取各国民众的好感,为了倾销剩余物资等等。事后观察,有一个结果是确定无疑的:它促进了美元的国际化进程,帮助美元更加全面地从英镑手中夺取了世界货币霸主的地位。

按照美国国会批准的"马歇尔计划",美国援助欧洲的资金是一百三十亿美元,实际执行的数字可能还不止这些。别小看上述数字。现在黄金的价格,与当面的交易价比较,升了不止三十倍,所以,按照黄金的比价估算,美国把相当于今天四五千亿美元的资金给了欧洲。这里面,有实物,当然是按照美元折算的实物;有货币,当然是美元货币;并且还有附加条件,比如要尽量购买美国商品,要根据美元结算、换算等等。战后的欧洲,一片狼藉,处处嗷嗷待哺，欧洲人急需美元，对于美国人援助的条件，根本没有讨价还价的余地。因此，尽管在此之前的布雷顿森林条约已经确定了美元国际结算货币和储备货币的地位，不过，历史的进程往往有其惯性。没有大量美援促成的国与国的结算习惯，美元还不会那么顺利地为世界全面接受，迅速成为黄金、英镑等的替代品。

美国人的目标，胸有成竹地步步推进。早在第一次世界大战结束、英国人急需资金的时候，美国就慷慨地给予以美元结算的大笔贷款，实际上是造就老大已经易位的事实，使英国人在布雷顿森林会议上无法反抗美元对英镑的取而代之。

美国人实施的是阳谋，并非阴谋。它的对外援助和债务，从来是有自己的利益打算的。在美国国会的辩论中，提案者必须说清楚美国的好处在哪里。美国人实用主义的逻辑，使它理直气壮：我付出得多，得到的自然要多。当然，美国人究竟获得多少利益，它是不会把账目告诉世界的。我们看见的结果是，美元作为世界结算货币和储备货币以来，它在全球的债务，已经轻松地达到数十万亿之巨，那是用纸张印刷的低成本，换取了世界的巨大财富。比之它当年慷慨的付出，属于非常合算的生意。

拓展人民币外债是国际化有效途径

我们讨论的问题，肯定不是人民币要取代美元的地位。中国经济和人民币的实力，以及国际的实际状况，根本没有那样的讨论基础。务实的方向，是人民币成为世界性货币之一，像欧元、日元获得的地位一样。

有学者认为，只要人民币没有真正实现自由兑换，就不可能走向国际化。这话部分正确。完全达到国际化，自由兑换必不可少。但是，在通往国际化的进程中，自由兑换也可看成一个逐步接近的选项。我们现在与很多国家签订了互换货币的协议，开始了用人民币与他国货币直接贸易结算的尝试，均是在完全自由兑换之前的国际化步骤。

根据美国的经验，拓展人民币外债，也是有效的选项。依我的理解，美国人所谓的外债，有两种主要方式。一种是"放债"，用"援助"、"投资"等名义，使人家欠它的债，早期，这种方法为主；另一种是"卖债"，即向全世界大量发行以美元计算的各种债券，现在，这种方法用得厉害。

后一种方法，是靠前一种方法铺垫的。大家习惯了美元的结算，习惯了以它作为基本货币，它的债券就可以方便地发行出去。这是美国金融的高明之处。

我们现在也开始做一点外援的事情，也有不少的对外投资。从方便的角度考虑，当然是使用美元。但是，从人民币国际化的战略思考，我们必须坚持用人民币。你需要我的援助，需要我的贷款，需要我的投资，我们坚持用人民币，这是可以理直气壮谈判的。当人民币比较多地流到世界上去了，我们就应该考虑向世界发行人民币债券，既让握有人民币的国家分享中国经济的成长，也加快了人民币国际化的步伐。

拓展人民币外债与国家金融安全

我们国家的外汇储备，大量地体现为购买各大经济实体的债券。不少学者担心，这里涉及金融安全与国家安全的问题。在一般情况下，此种忧虑不会成为具体的危险，可以仅仅作为某种提醒存在。但是，我们也确实观察到特殊的案例。当某些强势力量失去理性的时刻，一味想以高压达到自己目标的时刻,除了战争的最后手段,所谓的金融制裁也是它们的选项之一。

我们掌握的大量外汇储备,是全国人民所创造的,它的安全性,不能有"万一"的闪失。因此,掌握"对冲"的手段,应该是我们必须考虑的方案。逐步在国际间发行人民币债券,正是一种有效的对冲形式。看看日本与欧洲,我们就明白了。他们既买别国的债券,也发行自己的外债,这正是他们的聪明之处。

二〇一二年五月

中国经济增长的第四个十年

中国经济的高速增长,已经有三十个年头。对于中国经济继续增长的前景,海外的怀疑早就存在,不足为奇。最近,国内的一些学者也担忧起来。比较悲观的,甚至提出:"中国经济到了最危险的时候。"即使言过其实,依然是忧国忧民的善意。他们的基本看法:认为世界经济低迷,出口拉动陷入困境;通胀危险迫近,政府不能继续靠投资拉动;此外,还包括腐败案件高发、收入分配悬殊、社会矛盾激化等等。

我分析趋势的角度不同。我承认以上种种问题存在,绝对不能掉以轻心,但是,我更关注促进中国经济继续增长的积极因素。

中国经济增长的潜力

我在"文汇时评"上分析过中国经济三十年高速增长的特殊原因。简单地说,我们搞社会主义市场经济,导致八十年代中国劳动者能量的大释放、九十年代资本能量的大释放以及近十几年土地资源能量的大释放等等。现在,我们需要研究,什么是推动中国经济新增长的巨大潜力。

市场经济发展的基本动力,在于需求。只要需求强劲,发展就不会停止。发达国家的问题,除了金融制度有毛病,主要是需求逐步枯竭,这是最难解决的麻烦。中国显然还不是这样的状况。

三十多年来,部分人群,积累了一定的财富,这是有待释放的需求潜力;中国还有更多的人口,处于刚刚摆脱贫困的状态,只要分配向他们倾斜,需求的潜力是十分惊人的。有学者认为,中国的"人口红利"(主要指廉价劳动力的来源)渐渐消失。但是,他们忽视了,中国十几亿人口消费需求的"红利",是巨大的富矿。

除了日常生存的需求,我们看一下财富集中度高的那些重点门类的情况。据汽车行业的资料,中国目前的汽车保有量,大概有一个亿。它还会有所增长。即使总量增长有限,但这一亿辆汽车,平均十年被淘汰更新,一年的新车就需要一千万辆。至于围绕一亿辆汽车形成的修配、服务行业,是难以低估的市场需求。房地产行业的情况也需要科学分析。政府抑制房地产投机的政策完全正确,不让过多的泡沫搅乱市场。但是,我们应该意识到,中国还没有走到发达国家房地产相对过剩那一步,以逐步改善为主要特征的刚性需求依然强劲,至少还有十几年的发展空间。中国的房地产需求明显下降的年代,大概是第一代独生子女的父辈们普遍离开人世的时候。由于现在生活质量与医疗条件的提高,这个时候还不会很快到来,所以我们不必过早担心。

　　中国有庞大的人口,很多方面的需求尚待开发。其中,消耗资源较少的需求更加值得我们重视。文化方面的需求、教育方面的需求、医疗方面的需求以及养老方面的需求,在中国还仅仅开了一个头,因此,我们能够腾挪的空间甚大。上述方面,一些发达国家做得比较到位,让我们羡慕。但是,正因为我们的缺口大,我们的潜力就大。

如何激发中国经济增长潜力

回到文章开始时一些学者担忧的问题。腐败，需要制度制约与坚决打击。本文不在此方面展开。我们讨论直接影响启动消费的某些难点。

社会分配差距过大，普通群众生存保障感不足，是消费不旺的基本原因。

让居民可支配收入，特别是低收入群体的可支配收入在今后几年有较快增长，是政府的既定方针。我们相信，国家有能力、有实力兑现上述承诺。搞市场经济，不得不相信"市场之手"。"市场之手"在配置资源方面的有效性，是超过其他任何制度安排的。有人认为，"市场之手"配置资源，主要体现在生产环节。这是非常片面的观点。"市场之手"，更强力的体现，是在终端消费的选择上。让百姓手里有更多的可供消费的钱，消费的旺盛，自然而然会推进经济的增长。我们应该坚定不移地走提高群众可支配收入的道路。

一些城市居民的可支配收入相对较高，却依然不敢消费,那是需要研究的另一个问题,就是社会保障不足,后顾之忧较多。社会的养老体系建立的时间不长,保障养老的资金缺口很大;医疗保险开始覆盖社会,但是大病的个人承担费用降不下来,生大病是家庭难以承受之重;尽管有义务教育制度,但家庭承担的孩子一生的教育费用,对于多数家庭来说,照样是节衣缩食的重要原因。

化解多数居民对社会保障不足的预期担忧,是大规模启动国内消费的首要课题。

促进增长的几点建议

我们不可能超越社会条件,对政府提出过高的要求。这里,仅就政府可能采取的措施,提若干建议。

首先,政府掌控的资源,在继续促进生产、发展的前提下,要更多地向提高居民可支配收入和福利方面倾斜。不要认为发展与分配是截然矛盾的事情。居民收入的提高,转化为消费而带来的发展,是更加可靠与可持续的发展。

第二,社会已经积累的财富,要更多地用于社会保障。这里主要指的是积累在国有企业中的巨大资产,应该大量地充实养老保障与医疗保障。这个问题很复杂。我曾经在"文汇时评"上写过专门的文章,此处不展开。

第三,政府部门的许多政策、工作细节,要切实有利于启动国内消费。比方说,已经"实验"了很多年的中国股市,长期的政策倾向是服务于企业融资,而广大股民是奉献多、回报少。现在,需要比较全面地思考股市的作用。放在第一位考虑的,应该是市场的健康发展,而不是融资的急迫。让股市成为群众分享中国经济增长的机会,让进入股市的中国居民在支持经济增长的同时,财富有所增长,他们将更有底气消费,市场经济的活跃自然更值得期待。

二〇一二年五月

世界的神经为何如此脆弱

过去,我们听到所谓的"蝴蝶效应",即大洋彼岸的一只蝴蝶扇动翅膀,可能在本地引发飓风,我们只是会心一笑,觉得那是哲人的调侃,故作惊人之语而已。今天,我们却实在地感受到那种令人吃惊的力量。希腊,遥远的地中海国家,其债务危机不但导致全世界经济、金融的动荡,连我们中国的经济发展也不断受到干扰。我们与它的大量债务,基本没有直接关联,与它的贸易,顶多也就是橄榄油之类的小宗商品,现在,我们却不得不经常关注它、讨论它。

希腊债务为何惊扰全球

我访问过这个著名的国家。它名气大,是因为作为西方文明的发源地,希腊成了游客们朝圣的好地方,希腊神庙等石头建筑的遗骸是拍照的好地方。当然,它的自然景色也相当吸引人,岛屿和海岸均让人流连忘返。在那里的几天,我和同去的刘恒等作家朋友,一直处于兴奋之中。我们当然也发现它的名气与它的实际状况的落差。一千多万的人口,比上海的长住居民少得多;十几万平方公里的面积,不算太小,但大部分是贫瘠的山石;希腊人比较懒散,中午休息喝咖啡,直闲聊到三四点钟才回办公室。我们开玩笑地说,老天给了希腊许多自然历史遗产,他们不用多干活,等着全世界的游客送钱来吧。

希腊债务危机爆发后,我才知道,游客们源源不断送去的金钱,弥补不了希腊国库的亏损。现在,希腊的债务已经超过它的年度国民生产总值,达三四千亿美元之巨,并且看不见债务减少的势头,即每年的财政赤字导致债务继续增加。

希腊的危机,并不令人疑惑。一个国家,一个民族,躺在文明的包袱上懒散度日,经济、社会出毛病是难免的。令人吃惊的是它对世界的恶劣影响。一千多万人口的小国,国民生产总值只占世界 GDP 百分比的零点几,它的危机为何让全球不得安宁呢?世界股市持续动荡,各主要股票市场市值的损失,肯定远高于希腊的债务。相对封闭的中国股票市场,也时常受到往下的牵引。新任证监会主席积极引导股票市场健康发展的努力,亦不断地受到干扰。

流行的比较简单的解释,是具体分析希腊的债务构成,指明它的债务由世界各大银行特别是欧洲的银行分担。希腊债务违约,将导致各银行债权的重大损失,进而使世界经济受到打击。在我看来,这个解释是清晰的,但又属于浅层表述,仅仅说出了可以理解的现象。我们知道,全球的金融市场非常庞大,希腊的几千亿债务如果只是个案,消化它不在话下。何况希腊的自然历史遗产相当丰富,债务的"抵押品"潜力巨大,应该有各种消解债务的可能。问题在于,世界已经意识到,希腊问题并非孤立个案,所以全球惊魂未定。

关于现代文化偏颇的讨论

常识告诉我们,神经绷得过分紧张,很容易导致神经衰弱。因此,我们有必要从引导现代社会前进的文化方面,分析世界经济紧张的原因。

近一个多世纪，伴随科学技术发展带来的社会与经济的巨大进步，一种盲目自信的文化开始滋长。原始的自然崇拜、天神崇拜被弱化，而人类能够主宰一切的欲望在膨胀。这种膨胀的欲望，在很多领域均有反映。本文仅仅分析经济方面的问题。以华尔街为代表的金融群英的妄自尊大，是把膨胀的欲望演绎为试图创造（实际是掠夺）巨大财富的尖端游戏。为了这种游戏的效益最大化，必须打通世界各国的财富、资本链条。他们是借助全球化的经济趋势以及所谓金融市场的自由、开放达到上述目标的。全世界的银行、保险公司、投资公司以及数量巨大的游资，在暴富的魔咒的蛊惑下，被紧密地串联进华尔街式的游戏。游戏的核心秘密，就是以"金融创新"为幌子的令人眼花缭乱的交易模式，比方说，美国人当初为希腊设计的提升财政数据的交易，就是充满金融智慧的绑架世界经济的骗局。因此，希腊的债务，或者跟在后面的西班牙、意大利等国的危机，不过是游戏末端的牺牲品。世界上大大小小的国家，个个把经济的弦绷紧了，谁都害怕被"全球化"的趋势抛在后面，不惜借债再借债，扩张再扩张，不留一点喘息后退的余地，那么吃苦头就是早晚的事情。

我们如果想要从根本上制约金融骗局，应该先从概念上厘清，坚决让金融回到它的本义上。它是为实体经济运行服务的工具，它可以适当放大实体经济运行的能力与活力，但是绝对不会无中生有地创造巨大财富。人类的文化，应该更多地回归常识与理性。社会经济的发展，人类生活水平的提高，需要现代金融的服务，需要科技进步的后盾，需要社会改革的动力，但是，更需要全人类日日夜夜的辛勤劳作。这样的常识，在媒体上已经较少看见，似乎变成了过时的唠叨。

一些为当代人习惯演说的话语，亦反映了文化方面的偏颇。联系我们自己的情况，说点感慨。比方说"效益最大化"一词。假如这个词语仅仅限于具体企业的运营或者资本投入的选择，尚属于理性的思维。你把它扩张开去，学校、医院、报社乃至政府的某些部门均追求经济效益的最大化，社会的乱象将难以避免。我相信国人对此早有切身的痛感了。再比如说"跨越式发展"之类语言的乱套，很可能导致资源的浪费和环境的破坏，而"世界一流"标签的胡乱张贴，同样难免屡犯无法向后代交账的低级错误。

二〇一二年五月

股票总市值是否属于国民财富

本文提出的问题,貌似简单,不假思索就能脱口回答:当然!应该是国民财富的一部分!

可惜,一些经济宏观管理部门官员,内心对此的认识,未必如此清晰。从他们习惯性的言行来看,讨论此问题大有必要。

中国股市最高的管理部门是证监会,它的官员的想法是首先要注意的。证监会出面发表言论的官员,经常作如下表述:"证监会对股票指数的升降不承担责任,这是市场的选择。"此类言论,从表面看,言之成理。深入一想,又产生疑惑。它出自中国股市权威部门之口,我们不得不认真思考。

证券管理部门的权力与责任的对称

政府任何管理部门,权力与责任需要对称,这是基本常识。很少见到政府官员公开说他对自己负责的事务只管运行而不管结果的。比方说,发改委不会说,它只负责制定发展规划,而不对规划的可行性与科学性负责;财政部也不会说,它只管收税的操作,而不负责国家年度税收指标实现与否。那么,为什么证监会可以公开说它不对股市的升降负责呢?

有一种解释,认为股票市场是市场经济最敏感的范畴,它的运行,服从于市场,而不是服从于管理部门,管理部门只要监管它的运行是否健康就行。

对尚不成熟的中国股市而言,这样的解释比较难说服人。

中国证监会的权力比世界上多数市场的管理者要大得多。任何想在中国市场发行股票的公司,决定其上市命运的关键在证监会。虽说证监会成立了发审委,但是,发审委的成员是证监会选择的,证监会并有决定各种程序的权力，你就不能把责任全部推到那些专家身上，就像发改委不能因为发展规划是委托专家制定的，就把自己肩膀上的责任卸掉一样。从负面的情况观察，证监会的权力也确实大。前几年，为什么证监会从高层到中层均有若干人犯法落网呢？当然与权力大且被监管少有关。关键之处，中国股市还属于审批（或者说核准）制，而非登记制。对于中国如此庞大而不成熟的市场，自然不能完全放开。改成登记制，表面上看可以减少寻租等坏事，但是，中国的公司们会一拥而上，把股市挤垮挤瘫是容易想象的状况。审批制还将延续很长时间，证监会权力大也是无奈的选择。但是，权力大了又不想承担责任，就难以理解。

我们不可能要求证监会对股市升降承担无限责任，但是，至少要承担相应的责任。比方说，经过发审委审核、证监会批准上市的一批企业，短时间内纷纷跌破发行价，甚至腰斩发行价，那就需要反思，需要查一下哪个环节出了问题，不能简单指责股民们自己没头脑，因为掌握信息少的普通投资者，是相信你们选择的专家把关的。

我们发现，即使在市场化程度更高的国家，股票市场过分的不正常下跌，其管理者也需要向公众检讨甚至承担责任。

强调市场责任，而推脱管理部门的作用，起码会让官员们责任意识淡薄。比方说，证监会及其下属部门的官员，公开的不够严谨的言行造成市场剧烈波动的事情屡屡发生，就是证明。最近有一位重要的管理者公然宣布，他管辖下的交易所，要让总市值在多少年内翻几番。在我看来，那不过是习惯性的大话空话，但市场相当敏感，舆论哗然，公众纷纷猜测，是否是股市大扩容的信号，结果明显影响到正常的交易。这样的情况多次出现，却没有公开的检讨和说法，也许与官员们觉得不需要对股市的升降负责有关。

应呵护股市中庞大的国民财富

中国股市建立的初期，炒作投机之风盛行，泡沫奇多，有学者称其为赌场，多数人不把股票市值看作国民财富的反映，可以理解。现在情况不一样了。投资者，无论机构还是个人，身经百战，锻炼成熟，股票的估值相当理性，乃至偏低。不少企业的股价远低于原始价，跌破净资产的也不在少数。用广大投资人的真金白银堆积起来的总市值，是国民财富的重要部分，应该毫无疑问了。

即使在连续下跌的今天，这个数字依旧达十几万亿之巨。也就是说，指数每下跌百分之一，国民财富的损失便高达一千多亿。如果我们在其他地方有如此惨重的损失，政协委员、人大代表肯定大声疾呼，拍桌而起。为什么对股市的损失，大家习以为常呢？

首先应该承认金融市场的波动的合理性，不能大惊小怪。但是，持续性的非正常下跌，则不能视若未见，要科学地分析原因，而不能简单地说一句"风险自负"。

股市短期波动无法预测，但其内在规律依然存在。巴菲特依据他对美国股市的研究，认为股票总市值低于 GNP（概念与 GDP 相近）的百分之五十，为低估，高于 GNP 的百分之八十则趋于高估，风险增大。美国的情况当然不能简单套用，但是，它表明股市并非完全不可捉摸。参照这位先生的观点，中国股市目前应该处于相对的低位。

在我看来，事情发展到今天，投资者与市场均面临严峻的局面，管理者需要冷静地研究问题的症结所在，不能简单地用"坚持市场化原则"一句话搪塞了各种毛病。确实是市场本身在运行,不必要强行干涉;如果是管理、政策方面有缺陷,那就要好好动脑筋,不能犹豫不决而丧失纠正的时机。比方说,多方呼吁需研究脱离实际的大扩容问题,是可以组织专家进行定量的科学论证的。无视市场情绪,强行发一个一百多亿的股票,导致几千亿总市值的损失,这笔账无论如何也算不过来。

市场经济的结构下,国民财富的总量分布在社会的各种框架里,股市是其中非常重要的一个盘子,对整个国家经济的良性运行举足轻重,我们需要珍惜它、呵护它。

二〇一二年六月

附录

人类命运的相对论思考

朋友惊讶：你写这东东？今日世界，欢迎时尚，没深刻的份！

我天真地答：有一天，深刻成为时尚呢？

朋友笑道：菜鸟啊！时尚是飞舞轻扬的风，哪里深刻得了！

我叹曰：就算独孤求败吧。

一

今年，纪念相对论诞生百年，讨论爱因斯坦的文字多起来。遗憾的是，在茫茫人海中，对伟人偶像式的崇拜，远远超过对他的理解。

关于爱因斯坦的相对论，世人采取高山仰止的态度，假如真想入门，往往痛苦不堪，那样高度抽象而玄妙的思维，折磨起神经来，让你昼夜不得安宁。几年前，我写作一篇科学随笔《发现的秘密》，就为此长时间吃睡不香。那种痛苦换来的兴奋，让我突然悟出一个道理，爱因斯坦前无古人、后少来者的发现，突兀而起的创造，所以能超然于前辈科学巨人牛顿他们之上，奥秘在于突破了地球人的文化习惯，而将思维的参照系定格为神奇却难以捉摸的宇宙，我们这些凡夫俗子难以解读他，原因也正是在此：我们的思考能力，很少能脱开文明史的时间和地球圈的空间的限制。

这个命题，一直在我的心底酝酿发酵。我的奇想是，爱因斯坦的思维方式，有没有可能引入科学之外的文化思考？

二

最近，同样因为萨特百年纪念的缘故，文化界对这个伟人也产生了新的浓厚的兴趣。他，在上世纪八十年代曾经激动过中国的年轻学者。处于思想解放运动中的中国文化界，需要新鲜的思想力量，萨特的存在主义，无疑是一股清新的风。他的与马克思主义密切关联的左派知识分子的背景，他对于僵化的前苏联官方意识形态的尖锐批判，可以在中国的各种层面获得欣赏与共鸣。由于我们刚刚打开与西方思想界对话的大门，那时对待萨特的态度，顶礼膜拜的成分较为明显。三十多年过去了，中国学者成熟起来，在纪念萨特的文章中，重新解读和批判的力量显露了犀利的锋芒。

我看到了对于萨特和他一度的亲密战友加缪之间恩怨的再评析。他们曾经是法国左派知识分子的旗帜，互为犄角，后来也从不同的角度冲撞斯大林体系，但是，他们之间，又深深陷入文化的冲突和论战，终于敌对到互不宽恕，其论战的核心是知识分子对于革命暴力的态度。阅读这段欧洲文化的恩怨，竟让我联想到处于同一时间纬度的上海故事：上世纪三十年代鲁迅和周扬他们的那场论战——究竟是要"民族革命战争的大众文学"还是要"国防文学"？据一位当事人多年后的回忆，毛泽东在延安的窑洞里，曾经为这次论战清醒地评判，作出双方都没有大错的结论。不过，在彼时此地，那论战真个是针尖对麦芒，水火难容啊！

萨特与加缪，争论的是民族内部冲突的形式，鲁迅和周扬，争论的是反抗外族入侵的策略，基点截然不同，所以东西方文化人在相近年代的两场论战，也许很难简单类比。不过，知识分子顶尖人物的智慧，经常陷入深浅莫测、前景难料的黑洞，即使有难以抗衡的客观情势的推动，还是让后人唏嘘不已。

加缪认为，不管有多么漂亮的理由，只要生命没有受到真正的威胁，知识分子绝不能赞同暴力，要保护自己干净的手；萨特则觉得那是伪道德，你不赞同正义的暴力，就是支持了黑暗的暴力，你的手还是肮脏的。萨特的名剧《肮脏的手》，便是他们争论的存证。萨特的伟大在于，当他进入文学创作，沉浸在戏剧人物的生活场景，他服从的是世界的复杂和多样性，并不简单图解自己的政治观点。该剧可以有多种解读，比方说，萨特本人最为欣赏的某位剧中人物，代表作家意念的主角，在一些观众眼睛里，面目可能相当可憎。我们可以不同意萨特的观念，却不能不佩服他的文学才华！

六十余年之后，重新思考萨特和加缪的论争，依旧充满现实的理由。这一回，美国和英国的领袖选择了萨特，而法国和德国的领袖选择了加缪。本文无意在这个方面展开,表现思想超越时空的意义,恰恰相反,我感到的是伤感与荒谬。法国思想界的两位天才,不惜毁灭彼此的友谊,在激烈的论辩中,把一个简单的命题论述得如此透彻,世界的后来者似乎全然忘却,茫然地重新在迷途上彷徨。于是,我产生了顶尖智慧往往掉入黑洞的感慨,泥牛入海无消息,真个是深不可测!

通过黑洞的名词,我进而想到了爱因斯坦的相对论。于是,尘封已久的奇想,再次开始萌芽。

三

纪念萨特百年的复杂情感尚在欧洲和太平洋两岸上空弥漫时,另一位德国文化巨人的两百年哀思也开始了。对于席勒的回首,比较低调,文学圈子之外的人们,了解的甚少。原因不在于席先生早去世一个世纪,和当代的隔膜多些,而是他的成就集中在经典的戏剧诗歌方面,与令人眼花缭乱的现实世界难以全面亲密接触。让我受到冲击并且浮想联翩的,是席勒前辈一句简捷的责问:"我们至今还是野蛮人,原因是什么?"

人这个物种,其实相当自负。我们骄傲地宣称,人类脱离动物界有几十万年了;我们满足地总结,人类几千年的文明史,特别是近一二百年的辉煌的创造,使我们基本摆脱了自然生存的压力,有人甚至以为,基因密码的破译,将让我们自个儿来挥动上帝之手。人类的目光,已经向浩瀚的宇宙延伸,计划着去征服别的星球。在这样的时候,重新挖出席勒的责难,产生"我们还是野蛮人吗"的疑惑,似乎挺奇怪,似乎让自以为创造了辉煌文明的地球人很不自在,甚至有点儿难堪。

看来,对于文明和野蛮的分野,有讨论的余地。

在席勒生活的年代,欧洲离开残酷的中世纪不久,工业革命也是刚刚强劲地冲击着人们的思维。作为敏感的知识分子,席勒不可能不欢迎工业革命改变人类命运的强大力量,也不可能不看到这种力量对于推动人类社会迅速走向繁荣的前景。席勒的痛苦,肯定聚焦于这种过程的残忍。繁荣和文明确定地出现在地平线上,在通往地平线的宽广的路途上,却布满了荒野的沼泽和凶猛的动物。这一点,既为后来一二百年的文学杰作所记录,也为两次世界大战和迄今绵延不绝的各类战争反复证明。席勒对于"野蛮"的控诉，以其诗人的气质，应当集中于人与人之间争斗的动物性的凶猛方面。歌德席勒他们天才洋溢的创造，他们的文化，孕育了伟大的德意志民族，却无法阻挡希特勒战车轰隆隆地把德国和世界带往地狱边沿。由此，我们不得不感叹忧郁的诗人灵敏的预感。社会迅速的文明与人性滞后的野蛮，形成无法回避的矛盾，甚至可以说，文明的高度，为特定时期野性的爆发提供了更加强大的工具。

这个命题，我无须援用更多的例证。环顾已经进入二十一世纪的人类社会，在天体物理、基因生物、电子网络等等无数领域取得骄傲突破的时刻，我们自身的麻烦好像正日益增多。一切已经不证自明。

四

我们确实无能为力吗？

人类文化，注定陷于两难的沼泽而无法继续走向阳光灿烂的地平线吗？

爱因斯坦思维的模式为我们打开了心灵的窗户。当牛顿式的地球人思维被大地的引力拖住而无法发散时，爱因斯坦独特的个性，干脆让自己的观察脱离地球的限制，那在空间飘逸的潇洒的眼神，正是创立一种新方法的开始。

相对论挑战人类的常识和智慧，首先是在简单的时间空间观念方面。过去，只有在神话中可以随心地改变时空，比如孙悟空一跟头十万八千里，比如"山中方一日，世上已千年"的传说，爱因斯坦却科学地证明，这种改变是可能的，只要你乘坐接近光速的宇宙飞船旅行，回归地球时，欢迎你的，也许是你的孙子、曾孙子。

迄今为止，我们的哲学、文学以至其他各种人文思想，思考和分析问题的起点，基本是有文字记录可查的几千年的人类历史。这显然是正确的，因为鲁迅先生说过，我们生活在地球上，不能拔着头发，想让自己脱离地球。人类面对现实的挑战，力图解决实际的难题时，我们丝毫脱离不了困惑的今天与承重的昨天。不过，此刻，也许仅仅是此刻，我们想展开关于人类未来的思考，试图与子孙后代的文化对接，我们能否具备一点爱因斯坦的科学的浪漫？

相对论的支点之一，在于这通俗易懂的"相对"一词：观察世界的角度不同，获得的结果不同。正是由此出发遐想，我产生了若干特殊的思绪。

雄伟的高楼大厦，是人类骄傲的创造。从市民的角度观察，我们体验到楼群的庞大和深不可测，感慨于文明凝聚的无穷能量；从乡村的角度观察，结果则要修正许多，那些令人仰望的建筑，也许就是庞大到令人畏惧的财富集群，充满吸引人、迷惑人的魅力，也晃荡着使人怯懦、使人惶恐的压力；如果观察的角度变化得再大些，从原始丛林的动物的角度来看呢，楼群恐怕仅仅是阻挡它们任意进入的石林，是让它们讨厌的无法生存的荒山；我们还可以大范围继续变换角度，假如我们进入星外轨道，以宇宙的视角观察，啊，结果也许很可怜，那伟岸的城市建筑，犹如孩子们在沙滩上的随意玩耍，风来了，潮来了，它们将被无影无踪地荡平——正像古代许多伟大的城市发生过的种种故事那样！

处于这样不停变幻的多棱镜前，我觉得自己的思想被解放了，可以试着离开文明史的时间和地球圈的空间的限制，自由地来讨论明天。看来，我们的思考未必注定要紧紧追随历史！

五

爱因斯坦的理论，并不像我们普通人以为的那么完美。

卓别林见到爱因斯坦时，幽默地说过：我出名，是因为每个人都知道我在做什么，你出名，是因为没有人知道你在做什么。卓先生灵光一闪的机智，当然不是讽刺爱因斯坦，而是简捷地说明了问题的复杂。

当时，传统物理学受到尖锐的挑战，正需要爱因斯坦的救援，他的理论，把科学家们的思维，从强大的地球磁场解放出来，开创了观察宇宙和解答人类在宇宙地位的新纪元；普通人也需要爱因斯坦，需要他推开窗户，为我们引入新鲜空气，即使不清楚爱因斯坦到底做了些什么，但是，根据爱因斯坦原理解释和认识的世界，正在发生重要的变化，则是多数智慧能够感受到的。

可惜，爱因斯坦的理论并不完美，存在无法克服的缺陷。当必需的理论基石难以证明，爱因斯坦只能依赖科学假设，或者说是科学约定。比方说，我们普通人广泛接受并且早认为是世界公理的光速不变，其中就包含无法证明（同时也无法证伪）的科学假设。原因非常简单，假如我们要用实验证明单程光速不变，就必须在光速经过的两点间对表（钟），而能够用以对表的工具还是光，这就必然陷入循环自证的怪圈。所以，我们只有理解和接受爱因斯坦理论的不完美，并且把它视作合理。尽管由于这些假设的存在，爱因斯坦身后，他的理论一直受到挑战，但是，迄今无法动摇他为人类创立的宇宙观。

现在，我们回到人类命运的思考。航海需要灯塔，那是基本的尺度。有了灯塔，不同的船长，只要是具备相当经验的船长，可以获得大体相近的操作指南。对于人类的未来，我们也需要一座灯塔，或者说，需要一个假设。那是关于我们终极命运的假设。人类社会到底能否不断自我完善？到底是走向光明还是走向毁灭？这个假设，几乎像光速不变一样难以证明。谁也无法预先到达终点。同时，未来是光明的，社会自然潮水般推进，显然就没有终点的概念；至于真个到了全社会灰飞烟灭，又由谁向谁证明呢？

我们像爱因斯坦一样，没有办法回避科学假设，或者说科学约定。

我们的假设，与那些经常发布关于人类和世界"末日"的预言家正好相反。我们认为，人类，作为迄今最高智慧的生命，她所创造的不断进化的文明，能够使我们应对各种挑战，闯过各种风浪，与美丽的地球家园永远相依为命！

这个假设是必要的，它主导着我们下面的推论。

六

在预设了未来的灯塔之后，现在开始进入下列论题：文明史的时间和地球圈的空间，为什么限制了传统的人文思维？

在前面讨论萨特、席勒的纪念时，我们已经涉猎了相关的问题。人类的暴力与野蛮倾向，比较轻易的解释，是远古的动物基因的驱使。不过，我们稍微往下深入一步，就会发现，人类浩如烟海的文献，记录前人行为与思考的典籍，也可能是暴力与野蛮倾向的孳生地。尽管智者辈出，为人类祈祷和平的勇士不屈地呐喊，但在数千年的历史长河里，他们仅仅是耀眼的浪花，敌不过暴力与野蛮的山呼海啸！

人文思想，很难摆脱人类生存的基础而独立存在。远古的社会不去说它，有文字记载以来的数千年文明，人类的基本生存始终是个大难题。现在,地球上最热门的话题是资源的日益贫乏,那是二十世纪人类科学技术快速进步后产生的麻烦。在以往,焦点则是社会开发资源的能力不够,生产力的低下,人类的辛苦劳作,只能使少数人获得温饱,即使有充满人道主义的"安得广厦千万间,大庇天下寒士俱欢颜"的呐喊,在实际生活中那不过是个美丽的梦,最后能够达到的结果依然是"朱门酒肉臭,路有冻死骨"!

从缺少养料的贫乏土地里生长出来的,是同样贫乏而且窘迫的思想。

少数上等人的幸福,依赖于多数下等人的供给,似乎是难以改变的定式,支撑不合理大厦的手段,也就非暴力与野蛮莫属了。统治的高明(或者说聪明)与低劣(或者说愚蠢)的区别,仅仅在于运用暴力的尺度把握得是否得体。用这样简单的说法概括数千年思想者的辛劳,可能无理之极,不过,八九不离十,大体是不离谱的。

此刻,我们想要突破的,正是上述思维定式。

近几十年人类达到的能力,多少提供了未来思维的基础。社会的生产力量正在惊人地积聚。全世界的生产过剩已经不可逆转地横行天下。只要我们有合情合理的社会结构，多数人，乃至人类整体可以获得温饱，已经不再是人道主义的幻想。于是，智者焦虑的目光，渐渐转向另一个方面，难以回避的新灾难是：强大的生产能力，在日益强化的需求的驱使下，正在破坏性地掠夺地球有限的资源，很多动物被人类灭种式地消化，无数的重型挖掘机器，已经把我们美丽的家园肢解得七零八落。

要害，将不再是必须有十个下等人养活一个上等人，而是地球能否承载我们整体，包括所谓的上等人和下等人！

七

涉及资源的有限，或者说稀缺，市场经济的主流理论，有一个重要的也不断引起非议的经济人假设。稀缺必然导致激烈竞争，进入市场的每个人，全是理性的，其行为的准则是利益的最大化。

不断有人非议这个理论假设。主要的批评，乃是认为人没有那么不可挽救地自私，行为的准则并非只是利益的最大化。其实，这个批评并未用对方向。所谓人追求利益最大化是有前提的，指的是他进入市场的行为，他的其他行为，比如乐善好施之类，是另外范畴的问题。

我对这个理论假设的保留态度，则是在另一个层面。有些经济学家，把这个假设看成是如几何公式一样永远的真理。在我看来，站在今天的土地上，把其奉为公理，没有疑义，但是，市场经济并非人类永远的归属，市场经济在焕发强大的生产能力的同时，对稀缺资源的残酷争夺，从而对地球日益破坏的趋势，最后毁坏的是全人类的未来。总有一天，人类因无法忍受而对此集中纠偏，那时肯定发现，其难点恰恰是在全球充分竞争的制度层面。"没有远虑，必有近忧。"绿色和平组织深深的忧虑，是代表未来的先进的思维！

八

贫瘠的土地生长出来的文化，不仅仅是全面认可上等人的暴力统治，同时，长期潜移默化，根本扭曲了人类的生活观念和审美价值。

以时尚为名，依赖强大的媒体而风行全球的奢侈文化，是这种扭曲的最新版本。

人，是天然追求快乐的动物。美食、华衣、暖屋，等等，当然是追求人生快乐的基础。但是，几千年贵族统治平民的形态，造就了一种贵族标准的审美观念，已经超出了快乐的实在需要。我们在《红楼梦》中读到一些离奇的食谱，比方说绿豆牙塞肉，把豆牙的心掏空了，塞肉进去，显然并非特别的美食，仅仅是贵族们挖空心思的制造，显示身份，能吃平民们吃不了的精细。现在的豪华盛宴，比如几十万元的满汉全席，走的大体也是这一路。同样，合适的时装，是工业与艺术的混血儿，能把人类之美勾画得纤毫毕现，不过，过分夸张做作呢，那就走向了另一面。我们知道，欧洲博物馆的油画，大量记载着宫廷贵夫人的礼服，那才是绝了，蘑菇般高高撑开的裙子，花费的金钱不去说了，光那打扮的时间，众多女仆的服侍，也是惟有贵族享用的玩意。现在的T形舞台，据说仅仅服装制作，就有花费几千万美金一台的，美女们装在金子堆里走路，艳丽之极，说句挖苦的话，顶多也还是学了点几百年前皇宫贵族的皮毛！

可怕的是，这样的追求，并非停留在少数人的表演上，千年潜移默化，它已经像生命力顽强的病毒，深深潜伏在亿万人的心灵之中！

美利坚是在反抗大英帝国的战火中出生的,并且把平等作为立国之本,据说,当时从欧洲大陆移民至美国的,也是以下等人为主,严格考察,他们显然缺少贵族的血统。不过,在那里仔细看看,你会发现,被金钱堆砌起来的上层社会,对贵族标准的追求欲望是十分强烈的。在特别的豪华酒窖里,几千美金一瓶的极品,显然是在模仿当年路易十几们的奢华!其实,几十美金一瓶的好酒,从品尝的角度已经足够高级,已经让饮者的快乐充分实现,百倍于此的价格,买的明显不是酒,而是贵族的梦呓了!

当生产力水平已经不需要严格区分贵族与平民,当文化的惯性鼓动温饱之后的亿万众生去追求贵族的遗韵,当这种追求无穷刺激被现代技术装备起来的强大的生产线,地球唯一的选择,是在长时间的呻吟警告之后,彻底放弃她养育人类的天职!

九

我毫无回到禁欲主义的老路去的意思。文艺复兴时期的文学,对于违背人类天性的禁欲主义,早就嬉笑怒骂,批判得入木三分。我们承认人是天然追求快乐的动物。我们期望发现的新大陆是，在通向未来的漫长之路上，人类如何可靠地实现自己的天性？

以往的历史，多数人是劳作的工具，被剥夺享受快乐的权利，他们的汗血，则养育着少数的穷奢极欲的贵族。那是违背人性的社会结构。它之所以能够延续数以千年计的时间，仅仅是因为与彼时的生产力水平相对吻合。

地球旋转到二十一世纪，人类掌握的技术，为整个社会打开了崭新的世界。当多数人可以享用物质提供的快乐时，我们尚未来得及好好陶醉，警报已经拉响！即使生产能力无限，物质资源绝对有限，我们只有一个地球可以利用。所谓的现代航天技术，要达到实用性地开发外星的水准，显然还遥不可及！问题的严重性还在于，人口的膨胀，至今没有全球范围地受控，同时，人类生而平等的观念已经深入人心，以往那种依赖战争消灭多余人口（战争狂人们甚至以消灭低等民族为借口）的办法，绝对被唾弃了。

地球人整体，如何在地球容忍的前提下，充分实现自己的追求快乐的天性？以往的历史经验回答不了这个问题，我们还是回到超越历史经验的相对论去，获得灵感和启示。

十

爱因斯坦认识宇宙的理论，有众多违反人类常识的内容。卓别林的幽默天才，绝对是建立在过人的直感之上。前面提及，他曾说，爱氏成名，在于没有人知道他在做什么，让你听后哈哈大笑之余，佩服得五体投地，因为按照我们的常识，甚至可以认为爱先生在胡说八道。比方说，爱因斯坦在上世纪早期，就神奇推断，宇宙除了具有我们熟悉的物质和能量，还有远远超越已知物质能量的暗能量，听上去活像是封神榜一类的故事。我们可以感觉触摸的物质世界之外，竟然还有无法把握的巨大能量，难道冥冥之中，确实有太上老君们存在？

科学家们则认为爱因斯坦并不荒谬。经过长期观察，他们已经确认，在宇宙的总能量里，我们现在所认识所熟悉的一切物质，仅仅占百分之五；另有一类我们还无法认识的物质，对光、电、磁、核通通不起作用，仅仅通过引力场可以知道其存在的物质，因此名实相符地被称为暗物质，它们占的比重高多了，达到宇宙能量的百分之二十五；这还不算稀罕，爱因斯坦最早提出的玄妙的暗能量，非但已被确认存在，匪夷所思，它们竟然占宇宙能量的百分之七十！

这就是爱因斯坦的神奇和迷人之处。他的奇思怪想，尽管难以直观地证明，但是更难被反驳。时间的流淌，则增添了爱氏学说的魅力，有越来越多的科学家试图揭开其中的奥秘。在纪念相对论诞生百年的时候，李政道先生就撰文号召，期望年轻的物理学家们在二十一世纪攻克爱因斯坦留下的挑战，认识所谓的暗物质和暗能量。

我期望由此进入新的讨论范畴。当资源的稀缺越来越成为问题，当物质享受受制于资源只能有限供给，不可能满足成亿增长的地球人追求快乐的天性时，我们是否需要大胆想想：如何开发支撑快乐需求的新能源？社会的暗物质和暗能量是什么？

十一

说来好笑，给我启示的，竟然是眼下年轻人时髦的玩意，同时也是家长们害怕的玩意——网络游戏。现在，老师家长们走到一起，议论到影响孩子们的成长问题，声讨最多的，早就不是武侠小说和漫画书之类，炮火集中在可以玩得昏天黑地的网络游戏上。这事情很复杂，好坏得失，我们三言两语说不清，这里不讨论。我提起它，是因为被它激发了灵感。有一次闲聊此话题，一位朋友玩笑地说："网络游戏，可能是消耗资源最少，但是满足人快乐最多的一样游戏呢！"

细细品味，还真有些道理。人的快感多少，并不与物质供给完全成正比关系。

据说，社会学家和心理学家们经过仔细调查，认为各地区人群幸福的感觉，与财富的多少没有直接的关联。GDP高的富裕国家的民众，未必一定比穷国的百姓更加幸福。这样的结论，肯定会引起没完没了的争议。我不想陷入这种争论，只想指出一个多数人感受得到的事实：幸福的感觉，常常也可以来自物质供给之外！

直接依赖物质供给满足人类快乐的途径是一目了然的，传统的美酒、美食，现代的汽车、电器等等全是。部分物质加部分非物质的供给，满足人类追求快乐天性的途径，也是相当广阔的，音乐、文学、美术、戏剧、体育，古已有之，在今日社会日益变幻多端而已。至于网络游戏，则完全是建立在现代技术上的新花样罢了。他们共同的特质，就是相对消耗物质资源较少。套用物理学的说法，尽管没法用光、电、磁、核去测量文学艺术的能量，但是，通过人和人之间的引力场，洋溢着审美兴奋的引力场，我们感觉到它的存在。根据能量守恒的原理，减少了物质的供应，人依然能够欢乐开怀，也许，正可以把这猜测为暗物质的力量在发挥作用。我们把美丽的发散力、体魄的震撼感以至智慧的闪烁点，比喻为暗物质的能量，我想，常人可以理解，并非过分怪异的说法。

十二

现在，继续推论和联想，从宇宙的暗能量到社会的暗能量，我们也有了说法。

二十世纪早期，爱因斯坦提出了暗能量。当时，由于实验条件的限制，研究难以深入。近几十年，宇宙的观察手段，特别是哈勃望远镜等大家伙的启用，使人类对星外的浩瀚和神奇有了更多的体验。暗能量，似乎比暗物质更难以捉摸。后者还有引力场的证明,前者简直如同如来神掌,巨大的能量无踪无影,说不清,道不明。宇宙学的研究者们,借助哈勃的观察,知道我们的宇宙还在加速膨胀之中,而能够使宇宙如此运动的能量,只能是爱因斯坦预见的暗能量。它的巨大,占宇宙能量的百分之七十,由此也就比较可以理解。

在人类社会之中,我们同样体验到有一种无法具象、固化的巨大能量,当你被它团团包裹着,你觉得自己是最幸福的人,当突然失去它,你顿时断肠落魄,纵然美酒千杯,难浇此愁!爱情、友情、亲情乃至普遍的人类之爱,既不能用秤称,也无法用斗量,但是,它们对于人生美满的重要,对于整个社会的健康,对人这个物种的未来,具有的重要作用,是高楼大厦、飞机汽车等等有形之物所难以企及的!对此,人人有体验,我也无须多说。人长久的幸福快乐,更多地来自这样的暗能量,而不是取决于餐桌上的佳肴。

此前的几千年,社会强烈地受困于物质的贫乏,对此认识没有充分地展开,正像在哈勃们诞生之前,物理学家对宇宙的暗能量也停留于模糊的概念。

相对富裕的土地开始生长相对开明的思想。现代文化已经逐渐作出反应,有更多的组织和个人在努力提倡慈善、公益以至对自然环境的守护等种种行为,这些行为给参与者带来的精神满足,也慢慢被社会所公认。与传统文化的区别在于,行动者不仅仅是施舍式地付出,同时,在过程中,付出者自己获得了快乐。关怀帮助他人,种一棵树,净化一片水塘,在对他人和环境有益的同时,自己具有成就感和满足感,转化为人生的大快乐,那样的能量,是很难估计大小的。

文章开头,我随手写下的几句话,充分表明,我对社会的日益物质化,对这种趋势的强大,有清醒的认识。极端的批判者说,这是物欲横流的年代。我之所以硬着头皮写出如此不合潮流的文字,是因为被爱因斯坦的科学精神感召。爱因斯坦挑战传统科学大厦的勇气和智慧,长期照耀着科学界,同样,也可以启迪和激励人文学者。

我并无幻想,以为写点文章,就能轻易改变几千年文化的影响。不,我没有做白日梦!社会自有其发展惯性,它将依然故我地走下去。顺便说一下,在物理学家那里,惯性是宇宙学的重要话题。一个物体,只有离其他物体足够遥远，才不会进行加速的惯性运动。因此，新文化也必须等待时机，离顽强的老文化有足够的距离，才能更加茁壮地生长。我们应当有那样的耐心和信心。我的文字，仅仅是给社会的灵魂——知识分子中没有在物质重压下丢失思考能力的一部分人阅读的。

我们的文化，需要理智地慢慢地有所改变。

如果社会文化的指向，逐步改变为在物质需求上适度满足，在较少消耗资源的文化需求上深度满足，同时鼓励把付出作为快乐的源泉，人类非但可以和地球永久地相依为命，同时，二百年前席勒先生所忧虑的人之野蛮，伤害过亿万百姓的以争夺资源为主要出发点的大大小小的战争，或许也自然地消亡了。

二〇〇五年九月

图书在版编目（CIP）数据

冷眼：一个作家的经济批评/孙颙著.—上海：文汇出版社，2012.8
ISBN 978-7-5496-0570-5

Ⅰ.①冷… Ⅱ.①孙… Ⅲ.①世界经济－经济危机－文集 Ⅳ.①F113.7-53

中国版本图书馆CIP数据核字（2012）第153653号

冷眼：一个作家的经济批评

作　　者 /	孙　颙
责任编辑 /	陈润华
装帧设计 /	周夏萍

出版发行 / 文汇出版社
　　　　　上海市威海路755号（邮政编码200041）
经　　销 / 全国新华书店
排　　版 / 南京展望文化发展有限公司
印刷装订 / 上海新义印刷厂
版　　次 / 2012年8月第1版
印　　次 / 2012年8月第1次印刷
开　　本 / 787×1092　1/32
字　　数 / 72千
印　　张 / 5

书　　号 / ISBN 978-7-5496-0570-5
定　　价 / 26.00元